Genebaldo Freire Dias

Dinâmicas e Instrumentação para Educação Ambiental

Ano
1431 muçulmano
2010 cristão
4707 chinês
5112 hindu
5770 judaico
15000000000 cósmico

São Paulo
2010

Editora Gaia

1ª Edição, Editora Gaia, São Paulo 2010

Diretor Editorial
JEFFERSON L. ALVES

Diretor de Marketing
RICHARD A. ALVES

Gerente de Produção
FLÁVIO SAMUEL

Coordenadora Editorial
DIDA BESSANA

Assistentes Editoriais
ALESSANDRA BIRAL
JOÃO REYNALDO DE PAIVA

Revisão
ANA CAROLINA G. RIBEIRO
TATIANA Y. TANAKA

Fotos
GENEBALDO FREIRE DIAS
(à exceção das nominadas)

Capa e Projeto Gráfico
REVERSON R. DINIZ

Dados Internacionais de Catalogação na Publicação (CIP)
(Câmara Brasileira do Livro, SP, Brasil)

Dias, Genebaldo Freire.
Dinâmicas e instrumentação para educação ambiental / Genebaldo Freire Dias. – 1. ed. – São Paulo : Gaia, 2010.

Bibliografia.
ISBN 978-85-7555-236-0

1. Conservação da natureza. 2. Educação ambiental. 3. Homem – Influência na natureza. – 4. Qualidade de vida. I. Título.

10-01911 CDD-304.2

Índices para catálogo sistemático:

1. Educação ambiental : Ecologia humana 304.2

EDITORA GAIA LTDA.
(pertence ao grupo Global Editora e Distribuidora Ltda.)

Rua Pirapitingui, 111-A — Liberdade
CEP 01508-020 — São Paulo — SP
Tel: (11) 3277-7999 / Fax: (11) 3277-8141
e-mail: gaia@editoragaia.com.br
www.editoragaia.com.br

Obra atualizada conforme o **Novo Acordo Ortográfico da Língua Portuguesa**

Nº de Catálogo: **1953**

Dedicatória

Dedico este livro à inesquecível professora *Maria Carvalho Soares D'Ávila* (Mariete) que naquela pequena Escola Rural de Pedrinhas, SE, preparou, de forma meiga e dedicada, tanta gente para o mundo.

Agradecimentos

Nossa gratidão a todas as pessoas e instituições que direta ou indiretamente contribuíram para a elaboração deste livro.

Colegas, alun@s, voluntári@s anônimos, estagiári@s, amig@s e familiares. Meu especial agradecimento à cumplicidade de Lúcia, Yukamã e Nayara e ao apoio inestimável do engenheiro ambiental e amigo Bruno Araújo Maciel, técnico do Laboratório de Apoio à Pesquisa do Programa de Mestrado e Doutorado em Planejamento e Gestão Ambiental da Universidade Católica de Brasília.

Minhas desculpas à Nashy, Aslam, Anubis, Conca e Louro pelo pouco tempo que tive para brincar com vocês.

Sumário

Apresentação

A degradação ambiental é produto do analfabetismo ambiental acoplado ao egoísmo e à ganância, regada a imediatismo e materialismo e emoldurada pela ignorância. Alimenta-se de um modelo econômico que percebe o ambiente apenas como recursos a serem transformados em negócios e lucros.

A Educação Ambiental (EA) tem sido vista como um processo capaz de contribuir para mudar esse quadro. Entretanto, suas práticas estacionaram em um repertório repetido à exaustão, em que fatalmente constam o lixo, a coleta seletiva, as hortas, a economia de água e de energia elétrica e a citação de muitas desgraças ambientais, como a poluição. Ainda se sugerem atividades de EA centradas nos "elementos" água, terra, fogo e ar, tão insuficientes ao nosso tempo quanto à ideia de compreender o mundo o dividindo em pedacinhos, afastando-se da visão do todo.

Tais estratégias demonstraram, ao longo do tempo, sua ineficácia para sensibilizar as pessoas a ponto de promover mudanças efetivas.

As atividades de Educação Ambiental sugeridas neste livro, resultado de uma década de experimentação, têm a intenção de contribuir para a promoção de práticas inovadoras capazes de promover a ampliação da percepção sobre a complexidade das principais questões socioambientais. Examinam de modo crítico e analítico as formas de exploração dos recursos naturais, os padrões de produção e consumo, o estilo de vida e os mecanismos de alienação armados para que tudo continue como está. Revelam os desafios da sustentabilidade ao promover a percepção das causas e das consequências de nossas decisões, hábitos e atitudes e identificam formas de viver menos impactantes e mais harmoniosas, com mais valores humanos e menos arrogância.

Há sugestões para a execução de 33 dinâmicas e 22 montagens de equipamentos que podem tornar a prática da Educação Ambiental mais atrativa, dinâmica e lúdica.

Essas atividades não estão acabadas. Este é o papel de quem vai aplicá-las (e por conhecer suas realidades locais, sabe mais do que ninguém adotar os ajustes de adequação necessários).

Então, vamos substituir o pessimismo do pensamento pelo otimismo da ação?

Sucesso em sua missão evolucionária.

O Autor

Advertência aos(às) Usuários(as) da Terra

A vida é sustentada na Terra por um conjunto de fatores que atuam ao mesmo tempo.

Há trilhares de seres vivos *sobre* o solo (plantas, animais, fungos, vírus e algas) e um número ainda maior deles *sob* o solo. Todos interagem e se influenciam protegidos sob um delicado manto de gases que formam a biosfera terrestre.

Lubrificados por ciclos biológicos, geológicos e químicos, os sistemas naturais recebem a energia do sol e se entrelaçam em um mosaico cujas peças se acoplam pelas interdependências e conectividades e embalam o mistério da vida.

Tudo isso a bordo da superfície de uma pequena esfera que flutua no espaço a 160.000 km/h.

Viver sem perceber que se faz parte da sofisticação dessas engrenagens transdimensionais é perder a oportunidade de reverenciar cada minuto novo, presente nos cenários paradisíacos dessa aventura.

Então... juízo, PESSOA!

PARTE I

Dinâmicas para Educação Ambiental

1. Dinâmica dos sistemas

Os sistemas naturais reagem de diversas formas para neutralizar as perturbações a eles impostas. Buscam novos arranjos com o objetivo de alcançar o equilíbrio dinâmico.

Objetivos

Demonstrar as interdependências entre os diversos sistemas naturais (os seres vivos e o solo, o clima, o sol, a água e outros) e culturais (aspectos sociais, econômicos, políticos, éticos e outros).

Demonstrar o processo natural de ajustamentos adaptativos para neutralizar perturbações causadas aos ecossistemas.

Procedimentos

Esta dinâmica pode ser feita por grupos pequenos (vinte pessoas) ou grandes (duzentas pessoas ou mais).

Solicitar desse grupo a participação de voluntári@s para formar um pequeno grupo (mínimo de doze pessoas, máximo de vinte). Esse pequeno grupo deve ser convidado para se reunir afastado do grande grupo, pois vai ouvir as orientações que não podem ser de conhecimento do grande grupo.

As orientações para o grupo maior são:

1. Tão logo o pequeno grupo saia do local, informar que a função do grande grupo será: a) observar a execução da dinâmica; b) ao final desta, tentar explicar porque o pequeno grupo estava agindo daquela forma, ou seja, que *princípio* estava sendo seguido.

As orientações para o grupo menor são:

1. Formar um círculo.

2. Cada pessoa deve escolher outras duas do grupo, mas sem revelar as escolhas; assim, cada pessoa terá escolhido duas outras, mas ninguém do grupo saberá quem escolheu quem.

3. A partir dessa escolha, cada pessoa deverá manter equidistância (mesma distância) entre as duas pessoas escolhidas, ou seja, à medida que as outras pessoas se moverem (saírem do lugar), ela deverá se deslocar também, de modo a manter as mesmas distâncias em relação às pessoas escolhidas. Esse procedimento será feito por todos, assim, todo o grupo estará em movimento.

4. Dadas as orientações, esse grupo voltará para o local onde estão as pessoas do grupo maior. Ali formarão um círculo e começarão a se movimentar, seguindo as regras estabelecidas no item anterior.

5. No início, será uma grande e engraçada confusão: as pessoas do grupo menor se movimentarão de um lugar para o outro de forma curiosa e os espectadores não entenderão nada.

Fotografia 1. Dinâmica dos sistemas. Fase inicial (alun@s do curso de Engenharia Ambiental da Universidade Católica de Brasília – UCB).

Fotografia 2. Dinâmica dos sistemas. Fase de movimentação. À esquerda, sentados, integrantes do grupo de observação.

Orientações complementares para a condução da dinâmica

Em dado momento, o grupo chegará a um ponto de equilíbrio em que todos ficarão parados (caso isso não ocorra, pedir para eles pararem no momento em que a movimentação for mínima).

Nesse momento, escolher de forma aleatória um componente do grupo e pedir que ele se afaste por cinco passos (em qualquer direção); em seguida, orientar o grupo para que todos se movimentem mais uma vez até que se atinja novo equilíbrio (inclusive a pessoa que foi deslocada inicialmente).

Observar que a pessoa escolhida por várias outras se torna peça-chave no sistema. Ou seja, qualquer movimento seu implica grandes perturbações em vários setores do sistema. O contrário também pode ocorrer.

A pessoa que foi escolhida por várias outras pode simbolizar, por exemplo, a cobertura vegetal. Sabemos que qualquer mudança nesse fator altera todos os outros: solo, água, clima, fauna etc.

Também pode ocorrer de uma pessoa não ter sido escolhida por outros do grupo. Logo, sua influência não será tão grande, mas, de algum modo, existirá.

Repetir algumas vezes o processo de escolher uma pessoa e mudá-la de lugar após o equilíbrio dinâmico. Em seguida, encerrar a dinâmica, pedindo uma salva de palmas aos participantes.

Fotografia 3. Dinâmica dos sistemas. Grupo de observação ao fundo (professor@s em curso de Atualização de Práticas de EA, no Biocentro do Projeto Germinar, Gerdau, Ouro Branco, MG).

Fotografia 4. Dinâmica dos sistemas. Grupo em equilíbrio dinâmico.

Solicitar, então, que as pessoas do grupo maior tentem explicar o que acabaram de observar, citando qual princípio estava sendo seguido. Algumas pessoas falarão "alguém está seguindo um líder...", "há uma ligação entre eles...", "há uma espécie de interligação...", "uns dependem de outros...", "há predominância de alguns membros..." e outros comentários. No entanto, isso *não* explica a razão da movimentação, *nem o princípio*, ou seja, a *equidistância*.

Após algumas opiniões, revelar o princípio para o grupo maior.

Mas, e daí? Para que serve mesmo esta dinâmica? Qual a conclusão?

Discussão

Na verdade, as pessoas do grupo menor formaram um ***sistema***. O que se pretende é passar a ideia de interligações e interdependências entre os diferentes componentes de um sistema e transpor essa ideia para ilustrar o funcionamento dos sistemas naturais e a cultura humana.

Cada pessoa representa um componente desse sistema em interações. Uma pode representar a vegetação; outra, o solo, o clima, a fauna, a dimensão política, a dimensão social, a dimensão econômica, os valores humanos, a ética, a cultura e daí por diante.

Há um equilíbrio dinâmico entre todos esses fatores. Quando o sistema como um todo sofre uma perturbação (alteração), o próprio sistema reage de modo a neutralizá-la e busca novo equilíbrio dinâmico.

Foi o que aconteceu quando o sistema chegou ao equilíbrio e causamos uma perturbação. Por exemplo, uma pessoa que sai de sua posição por apenas alguns passos já é suficiente para alterar toda a estrutura de equilíbrio.

Esse novo equilíbrio muitas vezes tem uma configuração (desenho ou forma) completamente diferente da inicial. Foi isso o que aconteceu, por exemplo, com o clima da Terra – por causa do aquecimento global causado pelo aumento dos gases que causam o efeito estufa, os sistemas naturais reagiram de modo a buscar um novo equilíbrio dinâmico e a neutralizar as perturbações impostas.

A dinâmica tem o potencial de demonstrar que a vida não é composta de entidades separadas, mas de relações entre elas em permanente auto-organização e busca por novos equilíbrios dinâmicos.

A percepção desse mecanismo só é possível quando as atenções de cada um não estiverem focadas apenas em suas próprias ações, mas também nas dos demais, isto é, não em entidades separadas, mas nas ***relações*** entre elas (tanto que com certeza não se consegue fazer esta dinâmica de olhos fechados!).

Variação

1. Pedir que um dos observadores passe a caminhar entre as pessoas que estão fazendo a dinâmica e, de repente, segurar um dos participantes pelo braço, imobilizando-o. Perceber que se interfere no equilíbrio dos sistemas com a interrupção da fluidez, o que

pode figurar o represamento de um rio, a derrubada de uma floresta, o extermínio de aves de uma região etc.

2. Utilizando-se dos mesmos procedimentos, repetir a dinâmica com placas de identificação afixadas nas pessoas, discriminando sua dimensão nos sistemas (sol, água, flora, fauna, economia, solo, política, ar, ética e outros).

2. Dinâmicas do Sol

A vida na Terra depende do Sol. Precisamos de seu calor, luz (radiação) e força gravitacional. Estamos tão acostumados a vê-lo todos os dias que quase não prestamos atenção a sua presença. Sequer imaginamos que o calor que sentimos no rosto é radiação emanada das explosões nucleares que ocorrem em sua superfície. O Sol é uma bomba atômica explodindo continuamente. O som das explosões não chega até nós porque entre a Terra e o Sol não há atmosfera para sua propagação.

Objetivo

Redescobrir a importância e os significados do Sol e perceber sua influência em nossas vidas.

Procedimentos

Esta dinâmica pode ser feita em grupos de tamanhos bem variáveis. Desde a intimidade de duas pessoas à agitação de centenas delas (neste caso, "comandadas" por meio de amplificação de voz).

É óbvio que sua realização depende da presença do Sol! Logo, só pode ser feita ao ar livre e em dias ensolarados. O horário é irrelevante; as primeiras horas da manhã ou as últimas da tarde são as mais recomendadas, mas pode-se executá-la em qualquer horário no qual o calor do Sol possa ser bem percebido pela pele do rosto e da palma da mão.

O Sol na palma da mão

Eis os passos:

1. Conduzir o grupo para uma área descampada (aberta), sem influências de sombras.

2. Pedir para todos do grupo se posicionarem com as costas voltadas para o Sol de maneira que a sombra de cada um se projete no solo, a sua frente.

FOTOGRAFIA 5.
DINÂMICA DO SOL. ENFILEIRADOS, DE COSTAS PARA O SOL.
NOTAR A SOMBRA EXATAMENTE À FRENTE DAS PESSOAS.

3. Solicitar que fiquem em silêncio e imóveis por alguns instantes (um a dois minutos).

4. Em seguida, orientar para que passem a palma da mão na área do corpo que ficou mais aquecida (será a cabeça).

FOTOGRAFIA 6.
DINÂMICA DO SOL.
A SOMBRA PROJETADA,
EM OUTRO ÂNGULO.

FOTOGRAFIA 7.
DINÂMICA DO SOL. PASSANDO A MÃO NA PARTE DO CORPO MAIS AQUECIDA PELO SOL E PERCEBENDO O CALOR DO SOL TRANSFERIDO DA CABEÇA PARA A PALMA DA MÃO.

5. Dirigir-se ao grupo e indagar: "*De onde vem o calor que você está sentindo na palma de sua mão*"?

6. Após as diferentes respostas, promover a reflexão:

O Sol está a 150 milhões de quilômetros de nós e sentimos seu calor na palma da nossa mão! Não é uma informação que alguém lhe fornece, mas uma sensação real que seu corpo identifica. É possível sentir na palma da mão a influência de um astro distante 150 milhões de quilômetros!

Assim, apesar da enorme distância mantemos uma relação muito próxima, íntima e vital com o Sol. Nós o recebemos na palma de nossa mão, assim como nos grãos dos alimentos e frutos que nos alimentam com a energia solar ali transformada (fotossíntese). Nossa vida depende desse calor, depende daquele astro e ele está lá, todos os dias, presente em nossa história.

Imagine então como são as influências e as relações que mantemos com coisas mais próximas, como as montanhas, as nuvens, a chuva, o solo, a água, o ar atmosférico, as árvores, os animais silvestres, as pessoas.

Somos seres que só existimos ao nos relacionarmos. Fazemos parte de uma rede de inúmeras relações e nossa relação com o Sol é uma das mais naturais.

Reverência ao Sol

Eis os passos:

1.Todos do grupo devem se colocar de frente para o Sol, um ao lado do outro, mantendo certa distância entre si.

2.Cada pessoa deve posicionar-se de modo a receber a luz do Sol diretamente sobre o rosto.

3. Adotar a posição demonstrada nas fotografias 8 e 11.

Fotografia 8.
Reverência ao Sol. Posição correta: observar que os braços devem ficar paralelos aos ombros e o rosto voltado para o Sol.

4. Pedir para o grupo permanecer em silêncio e fechar os olhos.

5. Solicitar que respirem profunda e suavemente (dez vezes) enquanto se concentram apenas em sua própria respiração.

6. Em seguida, dizer:

"Agora vocês estão recebendo em seu rosto a energia do Sol; estão recebendo em seu tronco, braços e pernas a energia vital do Sol. Ela viaja milhares de quilômetros pelo espaço cósmico para visitá-los e revigorar todo o seu corpo. Imagine que essa energia reorganiza seu metabolismo, equilibra suas forças, renova suas células e traz saúde, equilíbrio, serenidade, paz e muita luz. Essa luz envolve seu corpo formando uma aura de proteção e de ligação com os outros seres vivos. Podemos sentir que fazemos parte de um todo, somos um só corpo, interligados pela rede da vida. Por isso, somos fortes, saudáveis, felizes e vivemos em paz."

7. Pedir, então, que as pessoas respirem profunda e suavemente por mais três vezes e abram os olhos de forma lenta.

8. Imediatamente, pedir que cruzem os braços (conforme as fotografias 9 e 10) e pronunciem "Muito agradecido". Fim da dinâmica. Fim?

Fotografia 9.
Reverência ao Sol. Braços cruzados, olhos fechados. Agradece-se à vida.

9. Aguardar que as pessoas deem uma espreguiçada e depois possam, espontaneamente, expressar seus sentimentos e percepções.

Fotografia 10.
Reverência ao Sol.
Posição correta de cruzar os braços.

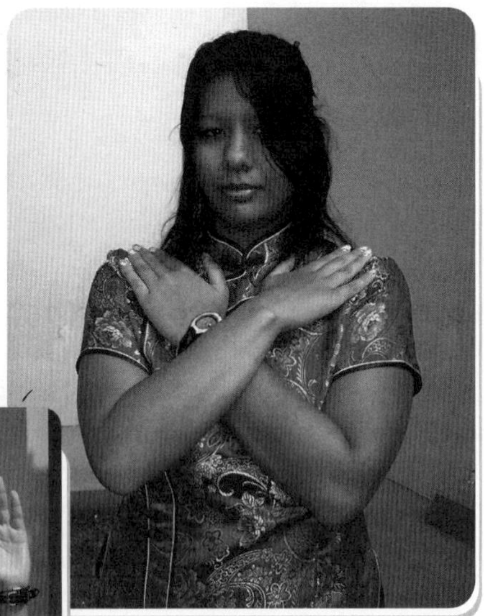

Fotografia 11.
Reverência ao Sol. Posição correta para receber o calor do Sol na palma da mão.

Discussão

Esta prática é encontrada em estudos de vários povos da Terra, com pequenas diferenças. Assim, esquimós, incas, astecas, maias, egípcios, indígenas sul e norte-americanos e outros repetem essa cerimônia de reverência ao Sol. Sua origem já se perdeu na linha do tempo da espécie humana.

Não se trata de procedimento religioso ou místico. É pura manifestação de celebração à vida.

Sua prática traz conforto físico, mental e espiritual. O indivíduo se sente mais sereno, fortalecido e alegre. Tem-se a sensação de receber grande dose de força vital.

É óbvio que as pessoas têm sensibilidades diferentes — até porque possuem diferentes graus de evolução — e vão perceber, internalizar e expressar esse momento também de formas diferentes.

Atividade complementar

Em outro momento, providenciar vários negativos de fotografias (escuras), sobrepô-los e observar o sol através deles. (Cuidado para não expor os olhos à luz solar sem a proteção das películas escuras dos negativos).

Vê-se a fulgurante bola de fogo suspensa no espaço, emanando energia oriunda de suas explosões atômicas (fusão nuclear).

3. Dinâmicas da gravidade

Assim como ao Sol, quase não prestamos muita atenção à força da gravidade da Terra, apesar de sermos moldados por sua influência.

Alinhando-se à lei natural

Objetivo

Demonstrar que todos nós estamos submetidos a leis naturais, independente de nossa vontade.

Procedimentos

Essa dinâmica é apropriada para grupos de qualquer tamanho. As pessoas devem estar sentadas.

As etapas são:

1. Solicitar que as pessoas se encostem na cadeira e apoiem os dois pés no chão.

2. Em seguida, solicitar que tentem se levantar, exatamente na posição em que se encontram (sem afastar as costas da cadeira, ou seja, sem inclinar o corpo para frente). É óbvio que elas não conseguirão!

3. Na sequência, selecionar uma pessoa sentada na fileira da frente para se sentar em uma cadeira colocada à frente do público (para facilitar que as demais pessoas a vejam).

4. Feito isso, informar ao restante do grupo que será solicitado à pessoa selecionada que se levante normalmente e que, nesse momento, o grupo deverá observar os movimentos do corpo dessa pessoa.

5. Pedir, então, que a pessoa selecionada se levante.

6. Promover a reflexão:

Observou-se que, para conseguir se levantar, a pessoa teve de, primeiro, inclinar-se para frente. Isso foi necessário para modificar a posição de seu centro de gravidade (os ombros) e permitir o equilíbrio adequado para levantar-se.

Essa reação é automática. O cérebro recebe a ordem, interpreta-a e gera impulsos elétricos que levam a reações bioquímicas. Estas comandam a musculatura para a execução dos movimentos que ajustem o corpo a uma lei da natureza (gravidade). Isso acontece em microssegundos.

Conclui-se que até para se levantar de uma cadeira temos de agir conforme leis naturais. Imagine em outras atividades.

Todos nós estamos submetidos a leis naturais, que *não são* todas conhecidas, uma vez que nosso conhecimento científico é apenas relativo, pois *temos apenas certezas provisórias e dúvidas temporárias.*

O impacto do caminhar

Um dos atos mais comuns do ser humano – caminhar – envolve um conjunto de adaptações biológicas que nos permitem andar equilibrados em duas pernas. Poucas espécies têm essa habilidade. Porém, ainda precisamos aprender a andar melhor.

Objetivo

Sentir as vibrações do impacto dos passos e perceber a condição humana à ação da gravidade.

Procedimentos

Com os ouvidos tampados com os dedos médios, andar sobre uma superfície dura (revestida com cimento, cerâmica, asfalto, paralelepípedo, tacos, madeira, pedras ou equivalentes) por uns 50 m.

Durante a caminhada, concentrar-se nos sons produzidos pelos passos.

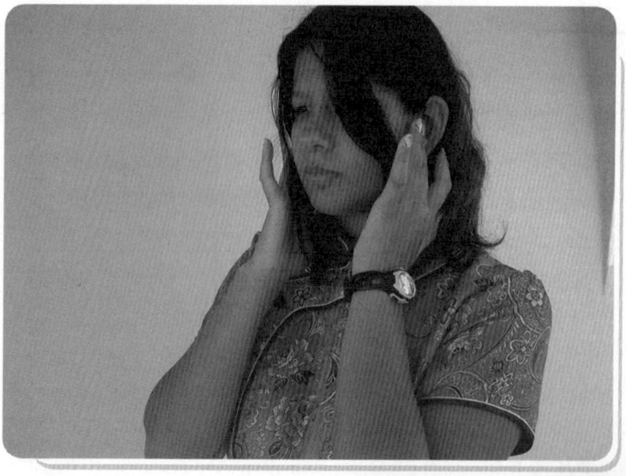

Fotografia 12.
O impacto do caminhar. Caminhando com ouvidos tampados.

Fotografia 13.
O impacto do caminhar. Tampar os ouvidos com o dedo médio.

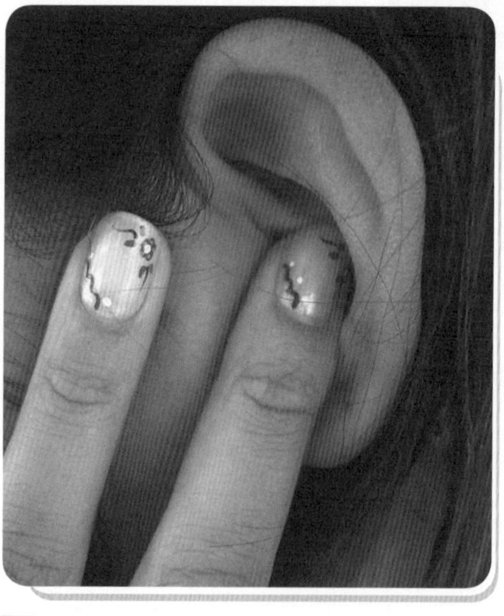

Fotografia 14.
O impacto do caminhar.
Tampando os ouvidos (detalhe).

Discussão

A maioria das pessoas ainda tem uma percepção fraca sobre a condição humana na Terra.

É raro darmos atenção ao fato de vivermos na superfície de uma esfera, presos a ela por meio da atração gravitacional.

Ao caminhar com os ouvidos tampados, as pessoas sentem/ouvem um grande impacto a cada passo. Os ouvidos tampados permitem que percebamos o quanto somos pesados, ao caminhar. Pode-se notar o impacto de nossos passos por meio das vibrações que vêm do calcanhar pela coluna vertebral até a base do cérebro.

Caminhamos de uma forma muito violenta, ou seja, muito pesada. Nosso caminhar precisa ser mais suave (não apenas para abrandar os impactos). Na verdade, precisamos substituir o termo "pisar" (pejorativo) por "tocar" (mais respeitoso) o solo, a Terra.

Se, em nossas relações com a Terra, precisamos reaprender a andar, imagine as outras ações!

4. O pé de consumo

Objetivo

Demonstrar como somos influenciados por modelos e padrões de consumo a nós impostos.

Procedimentos

Dispor as cadeiras em um grande círculo. Manter o ambiente bem ventilado, deixando as janelas abertas. (Logo você entenderá por quê!)

Cada pessoa deverá ter uma folha de papel e um lápis, pincel hidrográfico, caneta esferográfica ou equivalente.

Solicitar que as pessoas tirem o calçado do pé direito (inclusive as meias).

Elas devem, então, colocar a folha de papel no chão e apoiar o pé direito sobre ela, de forma a deixar todo o pé sobre o papel.

Desenhar o contorno do pé.

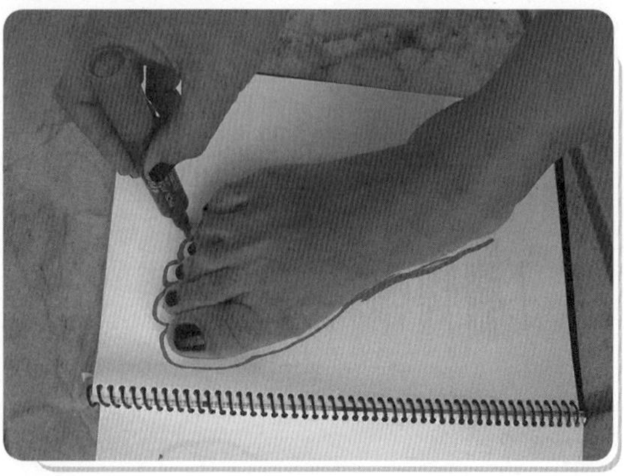

Fotografia 15. O pé de consumo. Desenhando o contorno do pé em uma folha de papel com um pincel hidrográfico.

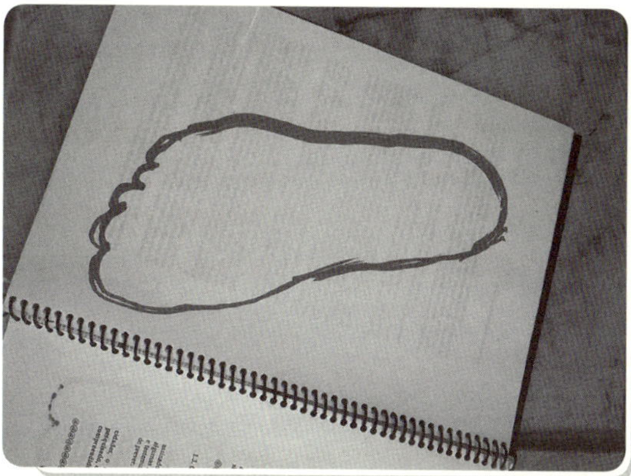

Fotografia 16.
O pé de consumo. Contorno do pé desenhado.

Em seguida, colocar o calçado sobre o desenho do pé e desenhar seu contorno.

Observar que em alguns casos o contorno do calçado respeita e segue a forma (anatomia) do pé, abrigando-o confortavelmente (é o caso da maioria dos tênis); e que em outros casos o contorno do calçado se choca com a forma do pé (é o caso dos calçados de bico fino).

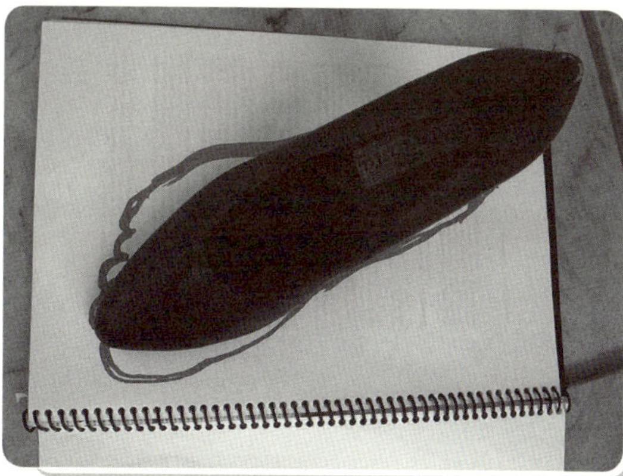

Fotografia 17.
O pé de consumo. Sapato de bico fino sobre o desenho do contorno de pé. Observar as diferenças.

Promover a reflexão-discussão que se segue.

Discussão

Meia dúzia de estilistas, figurinistas, muitas vezes do outro lado do mundo, absolutamente fora de nossa realidade, lança tendências de moda e as ditam para os "mortais", que as copiam, sem qualquer apreciação crítica – médica, estética ou outra –, apenas porque é moda, é *fashion*, elegante ou uma tendência.

Os sapatos de bico fino são um exemplo. Alguém afirmou que era uma tendência, o máximo em requinte social. A indústria comprou a ideia e a mídia cuidou da imagem: belas modelos, em revistas e novelas, exibiram o novo produto. Não importa se esse calçado agride seus pés, causa calos, comprime os dedos e os nervos, prejudica a circulação, provoca dores musculares nas pernas e nas costas e impactos na coluna. Tudo isso é apenas "detalhe", o que interessa para o mercado é vender e, para o consumidor, comprar (porque assim estará "na moda" e ganhará mais *status*).

A fórmula é a mesma quando somos induzidos a incorporar, em nossa cultura, hábitos prejudiciais à saúde humana (e à "saúde" dos ecossistemas), muitas vezes sem perceber. Dessa forma, usamos nos carros combustíveis que mudam o clima e poluem o ar que respiramos, tomamos refrigerantes e bebidas alcoólicas que nos intoxicam e comemos "porcarias" artificiais que causam doenças lucrativas como cânceres e alergias.

Essas relações serão examinadas na próxima atividade.

5. A doença é essencial ao lucro

Com certeza, pessoas que vivem em um ambiente degradado – por exemplo, com ar poluído, água contaminada ou muito barulho – adoecem. Vão a médicos que as entopem de drogas químicas. Então adoecem mais ainda. Essas pessoas não adoecem por fraqueza de seus corpos, mas pela má qualidade de seu ambiente. Os corpos apenas registram os sintomas dessa agressão.

Objetivo

Demonstrar as relações entre o estilo de vida, as causas e as consequências das doenças, os interesses e as estratégias corporativas envolvidos e a qualidade de vida.

Procedimentos

Será montado um sistema. Cada pessoa ou grupo construirá uma parte desse sistema, depois reunidas de modo a formar um diagrama para análise. As partes serão feitas em folhas de cartolina.

Dividir o grupo em pelo menos oito pequenos grupos.

Cada grupo ficará encarregado de fazer *uma listagem* sobre um dos temas apresentados adiante.

Escrever as palavras-chave listadas em um cartaz com pincel hidrográfico (as letras devem ser maiúsculas e grandes o suficiente para permitir a leitura a pelo menos 3 m). Dispor as palavras de forma aleatória.

Eis os temas dos grupos:

Grupo 1: Características do nosso estilo de vida
Listar palavras que expressem as características do tipo de vida que temos. Exemplos: pressa, consumismo, imediatismo, velocidade, agitação contínua, barulho, superficialidade, inovação contínua, egoísmo, corrupção, falta de tempo, solidão, competição, excesso de horas de trabalho, desconfiança, medo, violência, excesso de informação, poluição, má alimentação, insensibilidade, excesso de informação e por aí vai.

Grupo 2: Consequências do nosso estilo de vida
Listar palavras que expressem as consequências de nossa forma de viver. Exemplos: doenças, exclusão social, perda de valores, desagregação familiar, perda de identidade, desemprego e violência.

Grupo 3: Doenças
Listar nomes de doenças. Exemplos: estresse, nervosismo, sensação de vazio, angústia, ansiedade, insônia, obesidade, depressão, doenças mentais, cardiopatias (pressão alta, insuficiência cardíaca, enfartos), alergias, câncer, surdez progressiva, diabetes, doenças sexualmente transmissíveis (DST) e Sida (Aids).

Grupo 4: Especialidades médicas
Listar nomes das especialidades médicas (consultar aqueles catálogos intermináveis dos planos de saúde). Exemplos: cardiologia, proctologia, angiologia, mastologia, pediatria, odontologia, neurologia, oftalmologia, ortopedia, alergologia, dermatologia, endocrinologia, nefrologia, oncologia, pneumologia, psiquiatria e urologia.

Grupo 5: Exames médicos
Listar tipos e técnicas de exames médicos. Exemplos: análises clínicas, audiometria, colposcopia, ecocardiografia, eletroencefalografia, endoscopia, laparoscopia, ressonância magnética, tomografia computadorizada, cateterismo, ultrassonografia, mamografia, raios X e cintilografia miocardiana.

Grupo 6: Medicamentos
Reunir rótulos de diversos remédios e colá-los na cartolina.

Grupo 7: Grupos de interesse I
Listar setores com ligação e interesses diretos ou indiretos na produção, distribuição e comercialização de medicamentos. Exemplos: fornecedores de matéria-prima, fa-

bricantes de embalagens, laboratórios, farmácias, vendedores, publicitários, pesquisadores, universidades, órgãos do governo e farmácias.

Grupo 8: Grupos de interesse II

Listar setores com interesses e ligações com a comercialização de equipamentos de apoio às atividades dos negócios de saúde. Exemplos: mídia, fabricantes de equipamentos, construtores de centros de saúde, mobiliário, material de construção, arquitetura, urbanismo, engenharia, segurança, comunicação, energia e por aí vai.

Após todos os grupos terminarem esse item, utilizar todos os cartazes para montar a *plataforma de análise sistêmica* (não se assuste com esse nome pomposo; adiante será explicado com detalhes como se monta esse sistema).

Os cartazes não devem ser afixados na parede de uma só vez. Deve-se obedecer a ordem dos grupos (1 a 8). Assim, afixa-se primeiro o cartaz do grupo 1 e comenta-se seu conteúdo. Em seguida, afixa-se o cartaz do grupo 2 e comenta-se; e assim por diante.

Ao afixar um cartaz deve-se ligá-lo a outros por setas desenhadas com pincel hidrográfico sobre uma fita adesiva. Do cartaz 1 deve sair uma seta para 2, do 2 uma para o 3 e deste uma para o 4. Do cartaz 4 sai uma seta para o 5 e outra retorna do 5 para o 4. Deste também sai uma seta para o 6. Do cartaz 6 sai uma seta para o 3, fechando um "ciclo". Do cartaz 7 sai uma seta para o 6 e do 8 outra para o 5. Forma-se assim um sistema ou rede de interações (ver figura 1 e fotografia 18).

Em seguida, proceder a observação do sistema formado e dar início à discussão.

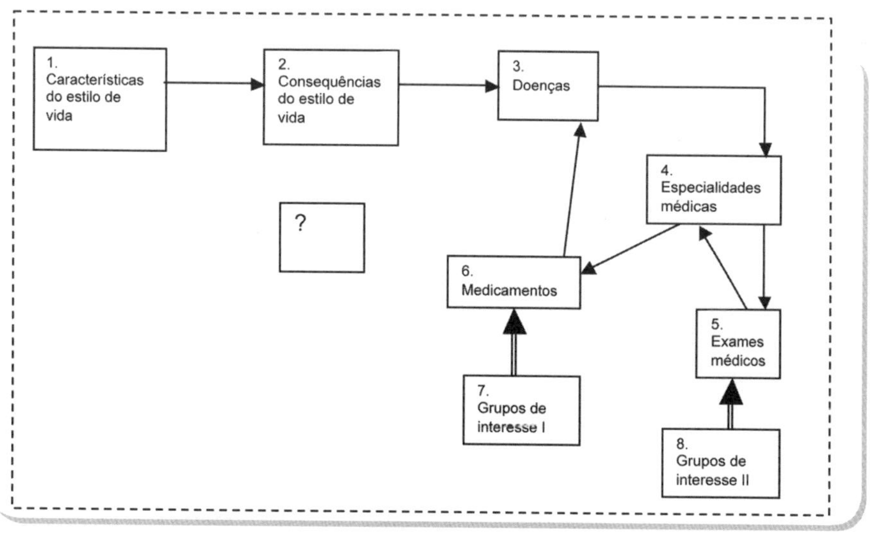

Figura 1. A doença é essencial ao lucro. Montagem da plataforma de análise sistêmica.

Discussão

O sistema demonstra que o estilo de vida de grande parte das pessoas as leva a doenças, que conduzem aos médicos. Os médicos levam aos exames e estes, aos medicamentos, que acabam causando outras doenças. Aí se retorna ao médico e começa tudo outra vez.

A doença alimenta um grande negócio sustentado por uma rede de interesses (a ignorância e o estilo de vida estúpido são essenciais ao lucro).

Esse ciclo poderia ser rompido se mudássemos nosso estilo de vida, adotando alimentação saudável, com pouco açúcar e sal, muitas frutas, verduras e sucos; prática de atividades físicas, meditação, lazer etc. Mas isso pode ir de encontro a muitos interesses. Afinal, alguém tem de comprar refrigerantes, carros novos, produtos alimentares sintéticos e ficar horas diante da TV ou computador, se tornar alienado e ser incentivado a comprar mais coisas para ser "feliz", e se der tudo certo... adoecer e alimentar o sistema.

A doença virou um grande negócio. Assim como a educação, a segurança e outros setores.

Percebe-se que podemos construir plataformas de análise sistêmica sobre vários temas – transporte, energia e outros – e, com isso, ajudarmos a demonstrar e perceber as interdependências dos diversos elementos que compõem a qualidade de nossas vidas.

Fotografia 18. Sistema montado na parede (alun@s do curso de Biologia da UCB).

6. Nossas percepções denunciadas pelos peixes

Os modelos que nos são impostos por meio da educação que recebemos (na família, na escola, no trabalho e em outras relações) nos tornam poucos perceptivos ao mundo que nos cerca.

Objetivo

Estimular a reflexão sobre as percepções e as atitudes dos seres humanos em relação aos outros seres vivos da Terra e questionar hábitos primitivos ainda presentes na sociedade atual.

Procedimentos

Solicitar ao grupo que cite o nome de vários peixes.

Após ouvir várias sugestões, fazer, de forma bem clara, a pergunta: *Como vocês gostam desses peixes?* (Certamente as respostas serão: "assado", "grelhado", "na moqueca", "frito", "cozido com coco", "temperado com coentro" e daí por diante.)

Após ouvir as opiniões, conduzir a reflexão:

Vejam bem, ninguém perguntou como vocês *gostam de comer o peixe*, mas como vocês *gostam do peixe*!

Muitos gostam de ver o peixe apenas nadando livre em um riacho, saltando da água de um rio.

No entanto, o peixe é visto apenas como comida, não como ser vivo. Apenas como um recurso natural a ser explorado, algo que se captura, mata, vende, assa e come. Ou seja, um simples objeto. Não sente dor, não tem história e só representa comida.

Para subsidiar uma discussão sobre a temática, sugere-se o vídeo *A carne é fraca*, do Instituto Nina Rosa, disponível em seu site e no You Tube, ambos na grande rede (Internet).

Discussão

Muitas vezes, fazemos coisas que sempre foram feitas por nossos pais e até nossos antepassados mais longínquos, sem questionarmos.

Um peixe deve sentir muita dor ao ser içado por um anzol que rasga sua boca. Depois, jogado em alguma cesta ou balde de plástico, agoniza até morrer por falta de oxigênio. A essa perversidade dá-se o nome de pescaria. Há inclusive a "pesca esportiva": os peixes são devolvidos para a água depois de terem os anzóis retirados à custa da dilaceração dos tecidos de sua boca. Em algumas horas, tomados por infecções generalizadas, muitos desses peixes morrem.

É óbvio que esse costume não vai ser mudado facilmente, pois tem profundas raízes culturais primitivas, mas deve, ao menos, ser questionado.

Pode-se citar também o consumo de leite de vaca. Milhões de pessoas no mundo estão doentes e submetidas a sofrimentos terríveis, sem descobrir que seu organismo não aceita a lactose contida no leite. Elas adoecem, vão a médicos, intoxicam-se com drogas químicas e acabam agravando sua situação, morrem ou têm uma vida cuja qualidade não é a de seus sonhos.

Somos a única espécie de mamíferos que depois de desmamados continua se alimentando de leite – no nosso caso, leite de outras espécies. É óbvio que isso não poderia dar certo. O leite da vaca foi elaborado para o filhote da vaca. Foi geneticamente codificado para fornecer os nutrientes de que os bezerros precisam. Não somos bezerros. Aí adoecemos.

Outrossim, excetuando-se o leite obtido em escala familiar, nos sítios e fazendas, o leite (industrializado) contém antibióticos e vários outros produtos que interferem nos hormônios humanos. Sem falar nas infecções constantes que sofrem as tetas das vacas, submetidas a máquinas que extraem seu leite de forma mecânica, dolorosa e incessante. Muitas vezes, o leite continua sendo sugado mesmo com as tetas sangrando e com pus, ignorando-se o sofrimento do animal. Depois as pessoas bebem aquilo.

O caso da lactose é apenas um exemplo. Podem-se identificar dezenas de outras situações semelhantes em vários outros momentos de nossa vida diária: nas formas de transporte, de cozinhar, de lavar, de tomar banho, de desmatar, de manter bichos em gaiolas, de queimar florestas, de poluir a água (que nós mesmos bebemos) e por aí vai.

Atos de crueldade contra os animais denotam baixa evolução espiritual de quem os comete. Quanto maior a crueldade, maior a escuridão cósmica da pessoa. Há dois casos conhecidos de extrema crueldade: 1) gansos são aprisionados e forçados à superalimentação até morrerem intoxicados para que seus fígados inchados sejam aproveitados para fabricar o caríssimo patê de fígado de ganso; 2) a pele de alguns mamíferos é retirada com eles ainda vivos, dependurados e se contorcendo em dores para obter-se pele de melhor "qualidade".

Os animais são seres dotados de inteligência e sensibilidade e estão presentes na Terra muito antes dos seres humanos. Não podemos continuar a comê-los, a usá-los como cobaias em laboratórios, a desfrutar deles para nos vestir ou a submetê-los a sofrimentos por pura diversão (circos, touradas, rodeios e outros).

Há um forte movimento mundial a favor dos direitos dos animais. Sugerem-se os sites:

www.geocities.com/salve_animais
http://direitosdosanimais.com
www.propg.ufscar.br/pdf/etica_animais/direitos_animais.pdf

Observação importante: Essa atividade não pretende sugerir a apologia do vegetarianismo ou qualquer outra forma de alimentação. Trata da questão ética das decisões humanas.

7. Nossas percepções denunciadas pelo folclore

Objetivo

Identificar preconceitos e informações erradas embutidas em elementos do folclore.

Procedimentos

Promover reflexão sobre a frase (adágio) e a cantiga infantil:

Adágio
Deus perdoa sempre; os homens, às vezes; a natureza, nunca.

Cantiga

Atirei o pau no gato, to,
Mas o gato, to,
Não morreu, reu, reu.
Dona Chica, ca
admirou-se, se
Do berrô, do berrô
Que o gato deu,
Miau!

Após a discussão, sugere-se pedir aos participantes para identificar outras situações semelhantes em músicas, poesias e outras manifestações culturais.

Pode-se trazer à tona a questão dos direitos dos animais e os maus-tratos que lhes são impostos em circos, vaquejadas, rinhas, rodeios e outras diversões primitivas similares.

Discussão

No adágio, a natureza apresenta-se como um ente "vingativo". É comum ouvir afirmações como "essa enchente é uma vingança da natureza"; "as tempestades são uma revolta da natureza" e outras.

Enchentes, tempestades, secas e outras manifestações da natureza são movimentos de autoajustamento e não "vingança". São formas naturais de que os ecossistemas dispõem para neutralizar perturbações e estabelecer novos equilíbrios dinâmicos.

Quando os seres humanos constroem casas em várzeas e encostas, barram os rios, desmatam e queimam as florestas, jogam na atmosfera gases que aumentam o efeito estufa e mudam o clima, eles acabam produzindo as perturbações que a natureza buscará neutralizar. Então...

Na cantiga infantil observa-se a perversidade no trato com os animais. A violência e o desrespeito às outras formas de vida são mostrados de uma forma cínica.

É comum ouvir "matar dois coelhos com uma cajadada só", quando se resolve duas ou mais coisas de uma só vez, e/ou "matar um leão por dia", quando se tem que provar a eficiência a toda hora. Por que não substituir tais ditos tão estúpidos?

Na publicidade pode ser encontrada essa mesma situação. Por que um peru anunciaria a morte de seus semelhantes de forma tão alegre? Por que uma vaca mugiria com tanta suavidade se seus semelhantes são cruelmente torturados, sangrados e dependurados em pedaços para que se ofereça aquele "produto"?

Sugere-se substituir a cantiga perversa por:

Não atire o pau no gato, to
Por que isso, so
Não se faz, faz, faz
O gatinho, nho
É amigo, go
Não devemos maltratar os animais
Miau!

Por que não?

8. Chuvisco nos dedos, tempestade no peito

Em alguns anos chegaremos a 7 bilhões de seres humanos sobre a Terra. Somos a espécie dominante, devastadoramente dominante. Ou tomamos consciência dessa condição e reduzimos o impacto de nossa presença, ou seremos expulsos pelos ecossistemas.

Objetivo

Utilizar o próprio corpo para expressões de ecopercepção e fazer analogias dos sons produzidos pelas pessoas com o impacto gerado pelas ações dos 6 bilhões de seres humanos sobre a Terra.

Procedimentos

Pedir que o grupo se mantenha em silêncio por um minuto. Em seguida, pedir que iniciem batendo um dedo indicador no outro, como se estivessem batendo palmas com um dedo de cada mão.

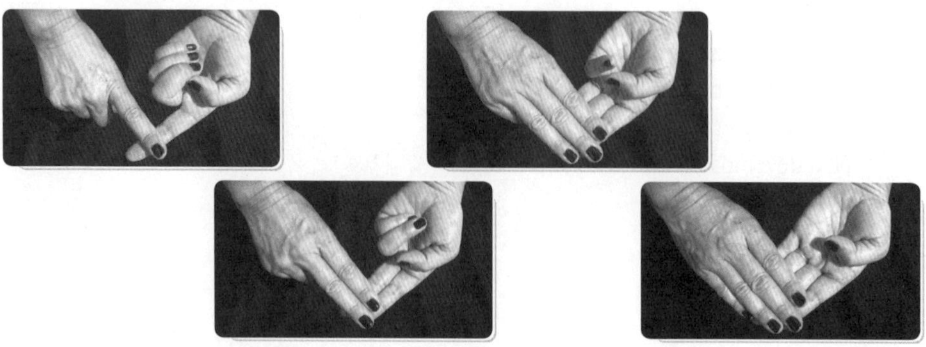

Fotografias 19 a 22. Chuvisco nos dedos, tempestade no peito. "Palmas" com um, dois, três e quatro dedos.

A seguir, pedir que façam o mesmo usando dois dedos de cada mão, após um curto tempo, com três dedos, depois com quatro e, finalmente, que batam palmas de maneira enérgica.

Nesse ponto, solicitar que batam com a palma das duas mãos nas coxas e, em seguida, no peito.

Logo que ouvir o som forte das mãos batendo no peito, pedir para fazer o procedimento na ordem inversa, ou seja, bater a palma das mãos nas coxas; depois bater palmas e, a seguir, os quatro, três, dois e um dedo, sucessivamente. Encerrar.

Depois dessa primeira experiência, repetir todo o procedimento. Com todos mais treinados, os movimentos serão executados com maior precisão. Os resultados serão muito interessantes.

Pode-se perceber o crescimento da intensidade de sons, chegando ao ápice na batida das mãos sobre o peito, e, depois, sua diminuição gradativa até chegar a apenas um dedo de cada mão.

Há ainda uma variante: depois de bater as mãos sobre o peito, bater dois objetos (duas pedras, por exemplo) produzindo sons ainda mais fortes. Pode-se também incluir o movimento de estalar os dedos, iniciando bem baixinho e ir aumentando a intensidade (haverá a nítida impressão de chuva aumentando em intensidade).

Discussão

O toque entre dois dedos produz um som muito suave, quase um leve murmúrio, que se torna mais intenso à medida que aumenta o número de dedos, acrescenta-se as palmas, as coxas e o peito.

Pode-se fazer uma analogia com o comportamento da chuva. Suave no início, ela vai aumentando até chegar à tempestade (toque no peito), retornando em sequência à chuva fina.

Essa atividade pode propiciar múltiplas interpretações, daí sua riqueza em ecopercepção.

Sugere-se que se dê atenção à questão da cooperação, do trabalho conjunto para alcançar resultado. Pode-se ainda se referir ao corpo humano como instrumento de expressão sonora.

Sugere-se também que se faça analogia com os impactos gerados pelas ações dos 6 bilhões de seres humanos sobre a Terra. Imagine toda essa população executando essa tarefa ao mesmo tempo: seria um barulhão! Pode-se, então, imaginar o "barulhão" quando todos consomem as mesmas coisas ao redor do mundo.

Enfim, as possibilidades dessa atividade são infinitas.

9. Transplante de árvore

Uma decisão simples como um transplante de árvore pode despertar as pessoas para a necessidade de outras decisões ambientalmente justas e moralmente necessárias.

Objetivo

Ao transplantar uma árvore, demonstrar que é possível compatibilizar as atividades socioeconômicas com a preservação ambiental.

Procedimentos

A ocasião de um transplante de árvore não deve ser forçada. O transplante deve ocorrer quando, por alguma razão, aquela árvore tiver de ser retirada daquele local. Então, em vez do corte, faz-se o transplante.

A princípio, deve-se escolher a nova área para onde a árvore será transplantada. O local deve estar livre de tubulações de água e esgoto, redes de irrigação, cabos de energia elétrica ou telefônicos e outros.

A seguir, inicia-se o processo de transplante. Escava-se a área ao redor da raiz, o suficiente para deixá-la quase solta. Se a parte central for muito profunda, será necessário cortá-la. Protege-se a terra que ficou presa em volta das raízes com um plástico, amarrando-o. Com cuidado, retira-se a árvore, com a ajuda de várias pessoas ou de um guindaste (alugado), em caso de árvores grandes. As amarras que prendem a árvore devem ser forradas com material macio (panos, cobertores, espumas ou outros) para proteger o tronco e os galhos.

Fotografia 23.
Transplante de árvore. Árvore preparada, raízes envoltas em plástico para evitar perda de terra já ajustada a elas.

Leva-se a árvore para o novo local (previamente escavado e adubado) e lentamente se desce a árvore até sua acomodação. Cobre-se com a terra retirada.

Fotografia 24.
Transplante de árvore. Árvore sendo içada pelo guindaste. Observar proteção no tronco com cobertor.

Fotografia 25.
Transplante de árvore. Árvore sendo descida no novo local.

Fotografia 26.
Transplante de árvore. Árvore no novo local, após dois meses. A placa ao lado conta a história do evento.

Recomenda-se fotografar toda a sequência para fins didáticos. Essas fotografias podem compor um painel ao lado da árvore. As fotos devem ser protegidas do sol e da chuva por meio de uma placa de acrílico transparente afixada sobre as fotografias e por uma placa de metal, como uma espécie de marquise.

Fotografia 27.
Transplante de árvore. A árvore em sua primeira floração após o transplante.

Discussão

A ideia central é demonstrar ser possível compatibilizar necessidades do desenvolvimento socioeconômico e preservação da qualidade ambiental.

É frequente encontrar situações nas quais árvores frondosas são sacrificadas para dar lugar a vias, calçadas, edificações e outros. Muitas vezes aquela árvore poderia ser poupada do corte por meio da adoção de medidas simples, como um desvio ou outra pequena adaptação no projeto.

Fotografia 28.
O muro construído respeitando o espaço da árvore (residência do autor).

Fotografia 29.
Calçada desviada para não sacrificar a árvore nativa (residência do autor).

Um transplante de árvore é uma atitude e uma ação simbólicas, mas representa uma mudança de postura, uma sinalização das possibilidades de alcançarmos as mudanças necessárias para uma vida melhor para todos.

10. Ouvindo a circulação da árvore

Objetivo

Escutar o som produzido pelo movimento da seiva no tronco de uma árvore.

Procedimentos

Encontrar uma árvore que tenha casca fina e diâmetro em torno de 20 cm.

Emprestar um estetoscópio de um@ profissional da área de saúde (médic@, enfermeir@, técnic@ de enfermagem, paramédic@s, nutricionist@s, fisioterapeut@as e outros) e, após aprender como usá-lo, auscultar a árvore escolhida.

Fotografia 30. Ouvindo a circulação da árvore. Ausculta de árvore (gentileza de Anna Caroline Moura Lima, aluna do curso de Fisioterapia da UCB).

Dessa forma, busca-se ouvir o "batimento do coração" de uma árvore – na verdade, o som produzido pela movimentação da água e da seiva pelos vasos da árvore.

Recordar que os nutrientes ou o "sangue" das árvores (na verdade, água e seiva) são levados para todas as partes da árvore por meio do alburno (água) e do floema ou líber (seiva), bombeados não por um coração, mas por diferenças de pressão (capilaridade).

Deve-se fazer silêncio e pedir concentração aos participantes da atividade.

Em determinadas épocas do ano o som pode ser mais ou menos audível. Isso depende também da qualidade do estetoscópio e da técnica correta de uso.

Discussão

Esta dinâmica propicia um momento único de percepção. Em geral, somos informados de que as árvores são seres estáticos. É só recordar a frase "fulano não vive, vegeta", quando se pretende dizer que uma determinada pessoa leva uma vida muito acomodada.

A educação que recebemos tende a apresentar as árvores apenas em seu aspecto utilitarista (servem para fornecer madeira, resinas, sombras, frutos etc.), negligenciando suas funções ecossistêmicas:

- na regulação do clima;
- no regime das chuvas;
- na disponibilidade de água;
- na proteção do solo;
- no abrigo de espécies;
- na troca de gases;
- na redução da poluição;
- na regulação das amplitudes térmicas;
- outros.

Esquece-se de acentuar que as árvores estão presentes no planeta milhões de anos antes da espécie humana e que têm inscritas em seu patrimônio genético informações e experiências de sobrevivência, por causa das inúmeras adaptações evolutivas ao longo de sua história na Terra.

Ao ouvir o som do movimento da seiva (semelhante ao som produzido pela movimentação sanguínea) pode-se perceber a árvore como um ser vivo que pulsa, tem vida e organização.

Deve-se enfatizar que as árvores, como seres vivos, possuem estratégias de sobrevivência e estão sujeitas a muitas ameaças (estresses provocados por secas, incêndios florestais, cortes, ataque de insetos, fungos, vírus e outros). Porém, ultimamente, a maior ameaça a elas tem sido o ser humano com suas motosserras, seus tratores, suas correntes, suas queimadas e suas práticas rurais imprudentes.

11. Repertório de estratégias de sobrevivência

Por que, sempre que podemos, buscamos estar à beira da água? Pode ser um lago, um rio, uma praia, uma piscina ou uma banheira.

Por que gostamos de ter uma visão do horizonte? Construímos mirantes para olharmos do alto?

Não percebemos, mas são exigências do nosso equipamento genético. O berço de nossa evolução não foi em cidades, em espaços tomados por concreto e carros.

Objetivo

Promover o conhecimento de estratégias de sobrevivência utilizadas pelos animais (inclusive humanos).

Procedimentos

Providenciar cartolina com a cor exata do piso onde a atividade será desenvolvida. Com uma tesoura, cortar pequenos pedaços, de forma variada e irregular. Em seguida, fazer o mesmo com cartolinas de cores vivas (pelo menos três), que contrastem com a cor do piso. Esses passos deverão ser feitos pel@ professor@ ou monitor@ antecipadamente, de modo que os participantes não vejam as cores das cartolinas.

Separar o grupo em dois. Um deles deve formar um grande círculo em volta da área onde a atividade será feita. Serão os observadores. A esse grupo explica-se o que será feito e mostram-se as cores.

Na sequência, espalham-se no chão os pedaços de cartolina, de forma aleatória.

Instruir o segundo grupo, reunido em outro lugar, com: "Vocês terão apenas trinta segundos para apanhar o maior número possível de pedaços de cartolina que foram espalhados no chão.".

Marcar o início e o fim do tempo com um apito. Será uma correria muito engraçada.

Notar quais foram as cores mais apanhadas (selecionadas) e as que foram deixadas no chão.

Discussão

Pretende-se, além de demonstrar o funcionamento de alguns truques utilizados pelos animais silvestres para despistar seus predadores, mostrar que nosso equipamento perceptivo contém os mesmos repertórios adaptativos, ou seja, que *somos parte de um mesmo "projeto biológico"* com muitos "tijolinhos" em comum (blocos de estruturação do DNA).

Ao selecionar os pedaços de papel de cores mais vivas e deixar os da cor do piso, a visão humana foi induzida pelo princípio adotado por animais, predadores e presas, como onças, aves, borboletas, lagartos, peixes e outros, ou seja, a *camuflagem* (disfarce).

Fotografia 31. Ave (urutau) camufla-se na vegetação semelhante ao seu corpo (foto do ilustre ornitólogo baiano Pedro Lima).

Quando os militares usam aquelas roupas nas selvas, utilizam o mesmo princípio.

Desta dinâmica pode-se promover uma reflexão sobre nossa condição de animal humano, que as religiões e a cultura tanto se esforçam para ignorar.

12. A equação da sustentabilidade

Grande número de pessoas já percebe que nossa forma de viver está errada e que, se insistirmos nela, experimentaremos perdas crescentes na qualidade de vida.

Objetivo

Equacionar os elementos essenciais à sustentabilidade socioambiental (SSA).

Procedimentos

Solicitar que as pessoas escrevam, na lousa (quadro de giz, essa coisa obsoleta, agressiva à saúde, infelizmente ainda presente na maioria das escolas do mundo – prova cabal do conservadorismo) ou em cartazes, palavras que possam ser elementos de uma equação matemática da sustentabilidade socioambiental na Terra. Exemplos:

Educação	Florestas protegidas
Justiça	Nascentes protegidas
Leis ambientais	Poluição
Participação	Mudança climática
Corrupção	Consumismo
Egoísmo	Erosão
Consciência	Incêndios florestais e queimadas
Políticas públicas competentes	Mídia participante
Ética	Órgãos ambientais equipados
Flora e fauna protegidas	Caça predatória

Solo produtivo	Desperdício
Ar puro	Reúso da água
Envolvimento	Coleta seletiva
Indiferença	Analfabetismo
Valores humanos	Crescimento populacional
Competição	Cooperação
Gestão ambiental	Imediatismo

Solicitar que grupos escrevam equações de sustentabilidade ou de insustentabilidade socioambiental (SSA e ISA, respectivamente). Exemplos:

SSA = Educação + Participação + Respeito a Leis ambientais + Justiça + Ética – Corrupção

SSA = Passarinho + Coração + Ar puro + Árvores + Livro – Consumismo – Poluição

ISA = Aumento populacional + Mudança climática + Consumismo – Educação + Desmatamentos – Água potável

Observar que quase nunca mais de um grupo produz a mesma equação. Pode-se, eventualmente, com trabalho conjunto, chegar-se à equação média da escola ou projeto. Porém, essa não deve ser uma preocupação central, porquanto as percepções são diferentes.

De qualquer modo, a equação obtida deve ser divulgada em murais, painéis, jornais internos ou qualquer outro meio de divulgação.

Discussão

A "sustentabilidade humana" significa que os seres humanos conseguiram encontrar uma forma de viver respeitando os limites da Terra, permitindo a vida plena dos seres vivos (não apenas a sobrevivência de sua própria espécie).

A proteção da qualidade ambiental, a qualidade de vida, a sustentabilidade humana ou qualquer outro nome que se dê à forma digna de viver não é obtida apenas com leis. São muitos os fatores envolvidos.

Nenhuma pessoa, comunidade, empresa ou governo pode atingir a sustentabilidade humana atuando sozinho, isolado, desconectado de outros setores.

As agressões ambientais não podem ser combatidas apenas com mais fiscalização. Seria necessário um fiscal para cada pessoa. O que está em jogo é o grande desafio de nos tornarmos sustentáveis à medida que nos tornarmos menos egoístas.

Que os *valores humanos* sejam mais nobres e não estacionem apenas no valor econômico, como ocorre agora. Esse é um desafio gigantesco.

13. Sustentabilidade e valores humanos

A espécie humana só poderá constituir sociedades sustentáveis se as construir sobre bases éticas consolidadas em valores de respeito à vida.

Objetivos

Examinar a prática dos valores humanos.

Identificar os valores mais evidenciados nos meios de comunicação e associar a prática desses valores às possibilidades de desenvolvimento de sociedades sustentáveis.

Procedimentos

Pedir que as pessoas façam uma listagem de valores humanos desejáveis (aqueles que poderiam tornar as sociedades mais justas, igualitárias, ambientalmente corretas e agradáveis e propiciar o bem-estar de todos – ver figura 2). Os valores humanos indesejáveis são opostos a esses e sua prática resulta em insustentabilidade.

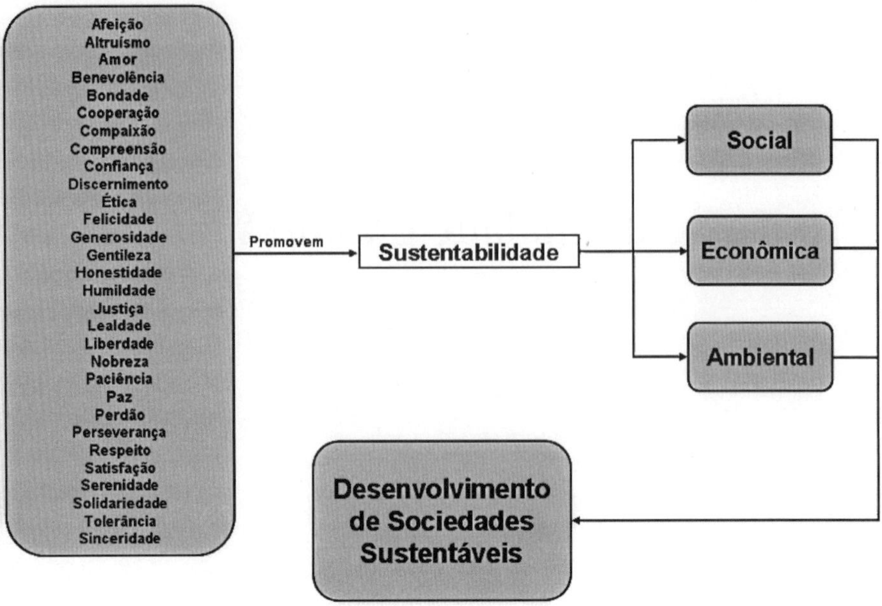

Figura 2. Sustentabilidade e valores humanos. Exemplos de valores e qualidades espirituais desejáveis e sua contribuição às diferentes dimensões da sustentabilidade.

Em seguida, ligar a TV, passar um filme ou sintonizar uma emissora de rádio e prestar atenção às mensagens veiculadas durante cinco minutos. Então, listar os valores humanos identificados (tanto os desejáveis quanto os indesejáveis).

Promover discussão sobre os resultados obtidos.

Discussão

Dalai Lama (2000) chama de "emoções aflitivas" aquelas que nos tornam fracos e nos levam a situações que podem resultar em doença, violência e morte (figura 3).

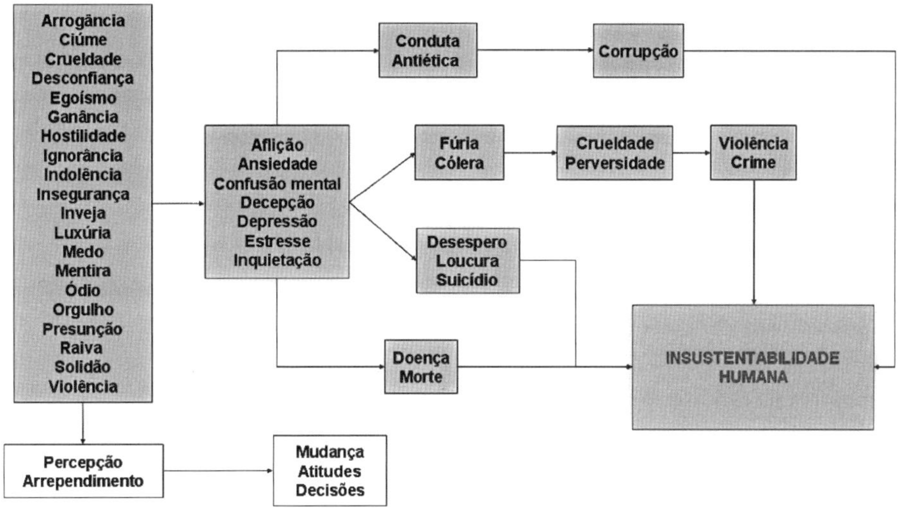

FIGURA 3. EMOÇÕES AFLITIVAS E INSUSTENTABILIDADE HUMANA.

Notar que no esquema da insustentabilidade humana (figura 3) *não há* lugar para respeito à vida, inclusive à própria. Em um mundo embrutecido, a reverência ao meio ambiente pode se tornar um requinte raro entre as pessoas. Notar que a doença, a morte, a violência e o crime são parceiros da corrupção no que se refere à capacidade de promover a insustentabilidade humana.

Observar ainda que, quando se percebe a situação e se busca mudança de atitudes e decisões, pode-se caminhar para a sustentabilidade (não especificada no diagrama propositadamente).

Sugere-se que o diagrama da figura 3 seja reproduzido de forma ampliada pelos participantes e lhe sejam acrescentados novos elementos, resultantes da discussão. De certo, surgirão muitas outras palavras, provocando novas conexões. Essa é a ideia (e a graça) da atividade.

14. O círculo de ombros

Imagina-se que a humanidade poderá encontrar caminhos mais sustentáveis quando a maioria de seus componentes perceber os cenários criados por sua presença na Terra e os desafios que terá de enfrentar para se tornar menos nociva ao planeta, aos outros seres vivos e a si mesma.

Objetivo

Demonstrar que só é possível atingir objetivos quando todos percebem o desafio.

Procedimentos

Reunir um grupo de quinze a 25 pessoas e colocá-las em círculo, de modo que o ombro de uma fique encostado no ombro de outra, sem espaço entre eles. Para funcionar melhor, agrupar pessoas que tenham aproximadamente a mesma altura, para facilitar o "encaixe" dos ombros. Se houver distância entre os ombros, a dinâmica não funcionará.

Fotografia 32. O círculo de ombros. Grupo posicionado: ombros com ombros (gentileza d@s alun@s do curso de Biologia, disciplina Fundamentos de EA, UCB, jun. 2009).

Em seguida, pedir que as pessoas se balancem lateralmente, de um lado para o outro (uma espécie de pêndulo oscilando).

No início haverá grande confusão, com as pessoas oscilando desigual e desordenadamente, os ombros se chocando. Risadas e algazarra serão inevitáveis com os desequilíbrios e desencontros.

Após algum tempo os movimentos irão tornar-se menos caóticos e alguns setores se organizarão em movimentos mais sintonizados até que, finalmente, todo o grupo passará a executar um único movimento harmônico de vaivém sincronizado.

Fotografia 33. O círculo de ombros. Fazendo movimento pendular. No início, as risadas são inevitáveis.

O tempo para perceber a intenção da dinâmica e buscar a sincronização dos movimentos varia de um grupo para outro. Logo, não deve haver preocupação com o tempo, mas apenas com o resultado final alcançado pelo grupo.

Discussão

Com essa dinâmica pretende-se demonstrar como um desafio comum demora a ser percebido, mas que, depois de sua compreensão, há cooperação e conquista do resultado desejado – nesse caso, o movimento harmônico do grupo.

Observar que se o grupo todo perceber o objetivo (movimento harmônico, sintonizado), mas *uma* pessoa oscilar diferente do grupo (ou seja, ao contrário, sem sintonia), o grupo jamais alcançará o movimento conjunto. Mas, com o tempo, a pessoa percebe, ou é induzida a perceber, e enfim passa a oscilar no mesmo sentido e tempo dos demais. Esse fato pode remeter a analogias diversas.

15. Hidrografia e circulação sanguínea

Para abrigar a vida na Terra, a natureza desenvolveu diversos mecanismos de regulação sistêmica que se repetem em toda a sua estrutura organizacional. Isso pode ser verificado em vários níveis.

Objetivo

Estimular a percepção dos complexos mecanismos do corpo humano e estabelecer comparações com outros sistemas encontrados no meio ambiente.

Procedimentos

Providenciar um mapa de uma bacia hidrográfica da região e um esquema da circulação sanguínea do corpo humano.

Proceder a uma análise comparativa buscando pontos em comum.

Discussão

Uma das fortes razões para a inconsciência e loucura humanas no trato com os recursos ambientais é a ignorância do homem a respeito do funcionamento de seu próprio corpo.

Quase sempre não prestamos atenção aos fantásticos mecanismos de nosso próprio organismo. Na escola, aprendemos que o corpo humano se divide em *x* e *y*. Como "se divide"? O corpo humano *não se divide*, ele *se integra*, forma um conjunto harmonioso de inter-relações.

Não refletimos sobre sua complexidade, evolução e perfeição. E mais ainda, não questionamos sobre o mistério de sua origem. Como isso foi organizado? Como começou? Para quê?

As pessoas consideram tudo isso "normal". Não consideram um enigma o mundo em que vivem e as próprias vidas. É difícil entender como conseguem viver neste mundo sem se perguntarem, ao menos de vez em quando, quem eram, quem são e de onde vieram.

Ao fazer um paralelo entre o sistema circulatório sanguíneo humano e uma bacia hidrográfica, pode-se refletir sobre as suas complexidades. Pode-se inferir que ambos sofrem agressões. Tanto um quanto outro podem sofrer poluição, seja por colesterol e placas que obstruem as artérias, seja por lixo, esgotos e detritos industriais que envenenam as águas.

Ambos irrigam a vida, conduzem nutrientes e precisam de cuidados e proteção. Um é o ambiente interno, o outro, o externo. Sem seus funcionamentos perfeitos a perda da qualidade de vida é certa e, em muitos casos, pode levar à morte.

As placas e o colesterol vêm de hábitos não saudáveis. A poluição dos rios vem de desleixo, descuido, desrespeito às leis ambientais e egoísmo. Ambos, no entanto, são resultados de estilos de vida impensados, não refletidos, apressados, imediatistas e ignorantes.

Mudar essa condição é o grande desafio e missão de cada pessoa da Terra.

16. Andando sobre copas de árvores

O som de Tom Zé (cantor e compositor baiano) faz cócegas na percepção. As grandes obras artísticas podem despertar sensações até então não experimentadas. Podem ajudar a ampliar a percepção.

Muitos preconceitos e radicalismos se formam quando a visão é única.

Objetivo

Estimular a percepção ao observar o ambiente de ângulos em geral não utilizados.

Procedimentos

A ideia é fazer um pequeno grupo percorrer uma trilha, utilizando espelhos para visualizar as copas das árvores e o céu.

A trilha deve ser escolhida e percorrida previamente pelo monitor, ter cerca de 150 m de extensão e ser plana. Para evitar escorregões e tropeços, o chão precisa estar seco e ser livre de obstáculos, depressões, raízes e rochas. Devem existir árvores dos dois lados da trilha e a altura média das copas precisa exceder, no mínimo, o dobro da altura das pessoas que vão participar da atividade.

Formar grupos de no máximo dez pessoas. Entregar a cada uma delas um espelho (15 *x* 20 cm ou tamanho similar). Pode-se também pedir previamente que tragam espelhos de casa.

Formar fila indiana (um atrás do outro) na entrada da trilha. Cada pessoa deve segurar no ombro do outro com uma das mãos e com a outra manter o espelho próximo ao nariz, com a superfície refletora virada para cima, de modo a poder observar o céu e a copa das árvores. O primeiro da fila não leva espelho, é o guia do grupo.

Fotografia 34.

Posição para iniciar a lenta caminhada com os espelhos. Observar que a terceira pessoa, canhota, apoia a mão esquerda no ombro do participante à sua frente. A primeira da fila é a guia.

Fotografia 35.

Para manter a distância necessária entre as pessoas, deve-se manter o braço de apoio sempre esticado.

Fotografia 36.
Posição sugerida para o espelho.

Fotografia 37.
A princípio, o espelho deve ficar próximo à boca, um pouco afastado do nariz. Mas a posição ideal será uma descoberta individual. Cada um saberá qual a melhor posição após alguns minutos de caminhada.

Fotografia 38.
Segurando o espelho de forma correta (alunas do curso de Pedagogia da UCB, disciplina Laboratório Pedagógico: Educação Ambiental; dinâmica noturna).

Quando todos estiverem com uma das mãos apoiada sobre o ombro de quem está à sua frente e olhando para o espelho, iniciar a caminhada, lentamente, com passos curtos, para captar melhor as imagens do alto.

Fotografia 39.
Em fila indiana, com espelhos. A primeira da fila guia o grupo, andando lentamente (alun@s do curso de Biologia; disciplina Fundamentos de Educação Ambiental).

Pedir que durante a caminhada @s participantes olhem apenas para seus espelhos.

Após a caminhada – que não deve exceder dez minutos, pois pode causar náuseas em algumas pessoas –, pedir que comentem a experiência, de formas livre, evitando fazer perguntas.

Pode-se repetir a experiência, mas com o espelho em posição invertida, isto é, colocado na mesma altura da testa, com a superfície refletora voltada para baixo e o olhar voltado apenas para cima (para o espelho). A sensação será de perceber o mundo de cabeça para baixo.

Observação importante: adverte-se para não conduzir a dinâmica em horários próximos ao meio-dia, para evitar a reflexão mais direta dos raios solares sobre a visão d@s participantes.

Discussão

Em geral, nossa educação não nos estimula a tentar ver o mundo de ângulos diferentes. Quando éramos crianças, gostávamos de ficar de cabeça para baixo e observar como as coisas ficavam. Estávamos no auge de nossa inquietação perceptivo-adaptativa.

Os moldes que nos apõem podem acabar embargando nossas percepções, subutilizando nossos sentidos e impedindo que configuremos uma visão de mundo mais ampla, detalhada, variada e rica.

Esta dinâmica nos permite visualizar elementos do nosso cotidiano sob um ângulo nunca experimentado.

Ao caminhar sob tais condições brinca-se com a percepção, estimulando-a a experimentar novas sensações nas relações da visão com a gravidade, a noção de profundidade e a análise dos detalhes, em geral não percebidos, do fantástico mundo que nos cerca.

A sensação de "flutuação" é comum nesta dinâmica.

17. Confiando na visão emprestada

O Pequeno Príncipe, personagem de Saint-Exupéry, diz que "o essencial é invisível aos olhos". Muitas vezes, a visão impede as pessoas de perceberem outras dimensões.

Objetivos

Experimentar a percepção sensorial sem o apoio da visão.
Compreender as dificuldades enfrentadas pelos portadores de deficiência visual.
Desenvolver a confiança nas pessoas.

Procedimentos

Propor que o grupo se organize em pares, escolhendo pessoas nas quais possam confiar. (Sugere-se que essa atividade seja desenvolvida após os participantes terem tempo de se conhecer.)

Distribuir uma venda para cada dupla. Uma das pessoas deve usar a venda e a outra conduzir, de forma lenta e cuidadosa, o portador de deficiência visual por uma trilha previamente escolhida. A trilha pode ser qualquer ambiente. O importante é que a pessoa explore a área com os olhos vendados, orientada por outra pessoa. Dessa forma, pode ser uma sala de artes, uma área de informática, uma parte do pátio da escola, a cozinha (cuidado!), uma área de jardim, um pequeno caminho no meio de vegetação, uma horta ou mesmo um trecho qualquer da rua em frente à escola.

A pessoa vendada deve caminhar descalça, para perceber melhor as sensações que vêm do ambiente. Durante a caminhada, o portador de deficiência visual deve ser estimulado a pegar objetos, apalpá-los, cheirá-los e sentir sua textura, forma e peso, além de tatear superfícies diversas – parede, muros, chão, pilastras, troncos, musgos, folhas, pequenos animais, a cabeça das pessoas, móveis, portas, pedras, água etc. Enfim, o que encontrar e não representar perigo ou constrangimento – um "mico", como dizem os adolescentes (não permita que a pessoa enfie a mão em cocô de cachorro!). Tudo sem pressa, de modo a permitir o registro das sensações.

A caminhada deve terminar perto de onde foi iniciada, sem ultrapassar dez minutos. Retira-se a venda.

Em seguida, invertem-se os papéis. Agora o portador de deficiência visual passa a ser o guia e começa tudo de novo.

Ao final, retira-se a venda e as duas pessoas passam a trocar suas impressões.

Observação importante: o "guia" deve apenas proteger a caminhada do portador de deficiência visual, facilitando o acesso e até conduzindo a mão deste a algum objeto. *Jamais* deve descrever qualquer objeto ou situação.

Discussão

Esta atividade é uma das mais antigas na área de sensopercepção. Foi desenvolvida por escoceses, na década de 1950, para a "Educação para a Conservação", um conjunto de atividades fora da sala de aula, destinadas à exploração de ambientes naturais (trilhas em florestas).

Aqui, ampliou-se sua abrangência para qualquer ambiente, incluindo os elementos do ecossistema urbano, hoje, hábitat de maior parte da espécie humana.

Esta atividade permite que a pessoa, privada da visão, utilize mais intensamente os outros sentidos, com mais curiosidade e fascínio, e utilize recursos de sua percepção nunca exercitados, experimentando novas sensações e enriquecendo seu repertório perceptivo.

Cria-se, também, oportunidade de perceber detalhes do mundo que a cerca de uma forma peculiar, além de conhecer o provável dia a dia dos portadores de deficiência visual e, assim, compreender a importância de se oferecer acessibilidade a essas pessoas (sinalizações adequadas, por exemplo).

18. Mensagem para as próximas gerações

É estimulante brincar com o tempo, envolvendo-se em exercícios de simulações em que se pode visitar o passado ou o futuro. Assim, percebemos melhor o presente.

Objetivo

Identificar e descrever os principais problemas ambientais que afligem as pessoas, no presente.

Procedimentos

Sugere-se seguir as seguintes etapas:

1. Providenciar um gravador de voz.
2. Organizar o grupo em círculo.
3. Informar aos participantes que será feita uma gravação para as gerações do próximo século.
4. Passar o gravador de pessoa a pessoa, de modo que cada uma delas registre sua mensagem, que pode ser a descrição de um problema ambiental específico ou outras expressões livres – desabafo, recomendações, pedido etc. Pode-se, por exemplo, reconhecer que não estamos conseguindo lidar com a pressão dos interesses econômicos e políticos sobre a degradação ambiental.

Após todos os registros, ouvir a gravação inteira e promover um debate sobre ela, incluindo questões como:

– Qual foi a questão mais focada?

– Quais seriam as soluções para os problemas identificados?

– Quais seriam as prováveis interpretações das futuras gerações sobre as atitudes das gerações presentes?

– Se fosse possível, que conselhos as gerações futuras poderiam nos dar?

Uma variação dessa atividade é levar a gravação de um grupo para ser ouvida e discutida em outro e depois apresentar as respostas ao primeiro.

Também é possível formar dois grupos, um deles representando a geração futura que irá receber os recados. Esse grupo deverá fazer comentários sobre as mensagens ouvidas.

Uma forma mais sofisticada é nomear um grupo para descrever erros que aconteceram no passado e apresentá-los para os outros participantes, promovendo reflexões e examinando se tais erros continuaram sendo cometidos ou não.

Discussão

Curiosamente, quando se descreve, em voz alta, algum problema, ele parece tornar-se mais claro e seu reconhecimento, maior.

Ao deixar uma mensagem para uma geração futura, mesmo ainda não existindo fisicamente, ela acaba manifestando-se, tornando-se "real" para a discussão e, presente na discussão, julgando-nos.

Assim, os participantes sugerem novos direcionamentos e necessidades de mudanças, equacionam desafios e, possivelmente, indicam caminhos alternativos. No mínimo, eles tornam mais claras nossas transgressões, erros e necessidades de mudanças, aprofundando o senso de responsabilidade e aumentando a percepção.

19. Reunião do Conselho dos seres não humanos

Objetivos

Examinar a forma de viver dos humanos, a partir da visão de outras formas de existência.

Ampliar a capacidade autocrítica.

Procedimentos

Essa atividade permite, por alguns momentos, deixar de lado nossa identidade humana para nos colocar no lugar de outras formas de existência e falar em nome delas.

Em um grupo de no máximo quinze pessoas, pede-se que cada uma delas escolha uma forma específica de ser (vivo ou não). Assim, elas poderão representar árvore, animal (doméstico ou silvestre), rio, oceano, montanha, floresta, nuvem, sol, lua, chuva, cidade, vale, madeira, papel, energia elétrica, luz, calor, clima, solo, água potável etc. Enfim, qualquer manifestação viva ou não.

Em seguida, em um "Conselho" formado por todos, cada "ser" manifesta suas inquietações sobre o que está acontecendo com a Terra e todos os seus seres. O Conselho terá um dirigente para conduzir para as discussões.

Sentados em círculo e comandados pelo dirigente, cada "ser" explana as ameaças que vem sofrendo, enfatizando suas causas e consequências. Por exemplo, uma pessoa que escolheu ser uma ave migratória pode acentuar que sua migração está cada vez mais difícil, pois as florestas que utilizava para seu repouso estão desaparecendo; um rio pode reclamar que recebe muitos poluentes e se sente muito mal por conduzir tanto veneno em suas águas, prejudicando a todos que precisam dele; e assim por diante.

Em dado momento, percebe-se que a espécie que causa tantos transtornos e sofrimentos é a espécie humana. O Conselho, então, manifesta-se a favor da presença de seres humanos para ouvi-los.

Convida-se um casal de humanos para se sentar no meio do círculo e passar a ouvir as manifestações dos membros do Conselho. O dirigente do Conselho manifesta-se assim:

> Ouçam-nos, humanos. Nós também fazemos parte deste planeta. Estamos aqui há mais tempo que vocês. Contudo, agora estamos correndo o risco de desequilíbrios gerais, colapsos, por causa do que vocês estão fazendo. Então, por favor, silenciem um pouco e nos ouçam. (Adaptado de Macy e Brown, 2004, p. 200).

Após todas as manifestações, o dirigente do Conselho pondera que não seria bom que os seres humanos desistissem ou fraquejassem. Então, sugere que cada um dos seres do Conselho dê uma força para eles, ofertando os dons e poderes inerentes a cada um para que @s human@s consigam melhorar sua percepção e, assim, possam deter a destruição que estão causando ao mundo.

Em seguida, encenam-se as manifestações de doação de poder de cada ser, que se dirigem aos human@s com frases referentes às suas características. Por exemplo:

– Rio: "Como rio, dou-lhe a pureza de minhas águas para que possa restabelecer a sua saúde.".

– Ave: "Dou-lhe o reconforto do som do meu canto para acalmar a sua mente."; "Eu, gavião, dou-lhe minha visão poderosa para que possas enxergar melhor a distância.".

– Gato: "Dou-lhe minha astúcia, meu faro, minha musculatura e velocidade para enfrentares os desafios.".

– Flor: "Dou-lhe meu aroma e beleza para voltares a se fascinar com o mundo onde vives.".

Após a apresentação de todos, os seres dirigem-se ao centro e abraçam @s human@s. Segue-se uma salva de palmas. A forma de encerramento é muito variável e depende das características de cada grupo. Recomenda-se, porém, que haja congraçamento e agradecimentos mútuos.

Discussão

A atuação de um "Conselho" composto por diferentes formas de "ser" na Terra estimula muito a percepção das pessoas.

Fomos condicionados a não dar importância ao que não é humano. As próprias religiões colocam o ser humano acima de tudo, o centro de tudo. Essa visão antropocêntrica é considerada o nascedouro de todas as agressões que as sociedades humanas vêm causando aos seres vivos da Terra.

Colocar os seres humanos sob a apreciação de um Conselho, ouvindo as reclamações de outros seres a respeito de suas atitudes e comportamentos, é um estimulante exercício de crítica e autocrítica, análises e reflexões.

Esses exames devem provocar nas pessoas a necessidade de rever conceitos e podem despertar a solidariedade para as outras formas de "ser na Terra".

O ser humano tem usado seu poder – sobretudo o científico e o tecnológico – para impor doutrinas e promover guerras e degradação ambiental. Que fique claro que o novo poder que os outros seres oferecem deve ser utilizado para fins de evolução ética, moral, espiritual e estética, elementos imprescindíveis para que o ser humano alcance uma forma de viver mais harmoniosa e sustentável, aprendendo a usar a ciência e a tecnologia de maneira adequada.

20. ETs examinando human@s

O corpo humano encerra toda a ciência e a tecnologia investidas na organização do projeto de vida na Terra, assim como todos os seus mistérios.

Objetivos

Observar um espécime humano sob uma nova visão.

Promover a percepção a respeito da complexidade sistêmica do equipamento físico-químico-biológico dos seres humanos.

Procedimentos

Formar um círculo bem aberto com o grupo. Solicitar que uma pessoa voluntária ocupe o centro do círculo e permaneça em pé.

O grupo que está em volta da pessoa escolhida deve receber a instrução:

"Agora vocês todos são seres extraterrenos. Neste momento, está sendo apresentado um exemplar de um ser vivo trazido de um planeta chamado Terra, para observação e estudo. Notem o maior número de detalhes possível."

Em seguida, um componente do grupo dirige-se ao ser humano no centro do círculo e procede a seguinte sequência de interpretações:

— "Vejam esta mão (pegando uma das mãos). Observem as articulações dos dedos. Eles se dobram, são diferentes uns dos outros. Devem ter funções diferentes. A mão também tem vários movimentos e articulações. Esses seres utilizam as mãos para muitas coisas. Gesticulam (fazer sinais de positivo, negativo, negação, aplauso, xingamento e outros), movimentam, pegam coisas, fazem inúmeras tarefas. Nas extremidades dos dedos há sensores de alta percepção que enviam sinais de tato para o cérebro."

— "O cérebro, a central de processamento de dados, fica protegida por uma forte caixa de ossos. As informações ambientais também são percebidas por duas câmeras — os olhos —; os sons são percebidos por dois receptores com membranas sensíveis e um complexo sistema muscular e nervoso."

— "O revestimento do corpo é feito por uma pele macia e elástica que tem pelos e apresenta sensibilidade em toda a sua extensão."

— "A caixa que protege a central de processamento também é protegida por pelos abundantes. A energia é fornecida por meio da ingestão de coisas sólidas e líquidas e também por meio da respiração. Há duas bolsas enormes nas costas, que puxam o ar atmosférico para dentro do corpo. Esse ar entra e sai por dois orifícios. Entra oxigênio e sai gás carbônico. Essa energia é distribuída pelo corpo por meio de uma bomba propulsora interna, que envia um líquido vermelho para todo o corpo, alimentando-o."

— "Esse ser emite sons diversos que formam músicas e linguagens diversas. Também organizam linguagens escritas e estéticas. Equilibram-se o tempo todo em duas pernas e conseguem caminhar e correr nessa posição. É um ser extremamente complexo, muito bem planejado. Tem equipamentos para o que se possa imaginar e em um nível de perfeição admirável."

— "Apesar dessa complexidade, sua formação física é baseada apenas em alguns elementos químicos. Sua biologia sustenta-se em cadeias de carbono, proteínas e um contexto aquoso. É relativamente frágil."

— "Tem características curiosas. Denota emoções. Em determinadas ocasiões libera um líquido no canto das câmeras."

Essa descrição é interminável, imprevisível, e pode nunca se repetir ao se conduzir a atividade outra vez.

Terminada a apresentação, franquear a palavra aos extraterrenos para alguma observação ou indagação e, depois, conduzir uma discussão.

Discussão

Muitas pessoas não têm consciência da complexidade do próprio corpo. (Imagine do espaço externo!) Não somos estimulados a refletir sobre tais realidades. Achamos muito normal o dia amanhecer, o milagre da reprodução, a alimentação, a respiração. As pessoas não consideram (ou não percebem) o mundo em que vivem e as próprias vidas como um enigma. É difícil entender como vivem neste mundo sem se perguntarem, ao menos de vez em quando, quem eram, de onde vieram e para onde vão.

Gaarder (2003, p.28-29) acrescenta:

> Como em meu corpo cresce esmalte e marfim dentro da minha boca (dentes)? Como cresciam a pele e as unhas? Como era possível fechar os olhos a tal enigma? Como armazeno tantos "arquivos" em meu cérebro? Como tenho visão, audição, equilíbrio? Como sai um ser dentro de uma mulher, já pronto? [...]
>
> Se há um Deus que nos criou, então de uma certa forma somos "artificiais" aos seus olhos. Falamos besteiras, discutimos e brigamos entre nós. Depois nos separamos e morremos. [...] Nenhum de nós se pergunta de onde veio. A gente simplesmente se contenta em estar por aqui. [...] Se nós fôssemos capazes de criar um ser artificial, nós também iríamos rachar o bico de rir se esse ser artificial saísse por aí falando um monte de bobagens [...] sem se perguntar a coisa mais simples e importante de todas: 'De onde é que eu vim?'

Percebe-se que essa atividade apresenta potencial de variações praticamente infinito. Sobretudo porque o tipo de educação linear que recebemos não lida com essa dimensão. Por exemplo, alguém se lembra de ter sido estimulado a observar o curioso modo como as pessoas movimentam as pálpebras, a pele delicada de cima dos olhos a descer e subir, de forma rápida e mecânica, milhares de vezes a cada hora?

21. Acompanhando a degradação de resíduos

Aquela embalagem de isopor que veio com aquela dúzia de ovos, se levada a um lixão, pode demorar até quatrocentos anos para se decompor. Nesse longo tempo, os tetranetos de quem consumiu os ovos já terão falecido. Mas seu ato de consumo continuará interferindo nos mecanismos de circulação da natureza.

Objetivos

Perceber que os resíduos gerados têm tempos diferentes de decomposição sob diferentes condições do substrato (solo).

Identificar os produtos que demonstram maior tempo de permanência no ambiente.

Listar as consequências ambientais decorrentes do longo tempo de decomposição de certos materiais.

Procedimentos

Nesta atividade alun@s enterram diferentes tipos de resíduos em uma dada área da escola e acompanham a evolução do processo de decomposição ao longo de quatro semanas, anotando e discutindo seus resultados.

Sugere-se a sequência:

1. Dividir @s alun@s em cinco equipes. Cada uma ficará encarregada de um tipo de resíduo:

– Equipe 1: restos vegetais e de alimentos.
– Equipe 2: papéis e papelões.
– Equipe 3: vidros.
– Equipe 4: latas de alumínio.
– Equipe 5: plásticos.

2. Escolher uma área na escola onde os resíduos possam ser enterrados. Essa área deve estar afastada da circulação das pessoas; a área escolhida deve ter uma parte sob o sol e outra, na sombra.

3. Cada equipe enterra um conjunto de resíduos na área com sombra e outro na área sob o sol, indicando-os logo em seguida (pequenas tabuletas). Nesta operação recomenda-se uso de luvas e máscara.

4. Uma vez por semana, os resíduos devem ser desenterrados e observados e as alterações ocorridas, anotadas. Observar a presença de organismos atuando no processo de decomposição.

5. Depois de quatro semanas, finalizar a atividade. Cada equipe deve elaborar um relatório resumido para apresentar e discutir com as demais equipes.

6. Trabalhar as seguintes questões:

a. Que tipo de resíduo se decompõe mais rapidamente?
b. Em que condições a decomposição é mais rápida?
c. Que tipo de resíduo nossos descendentes poderão encontrar, intactos, em oitenta anos?
d. Qual o problema gerado por decomposições demoradas? Fazer uma listagem.

Uma variação desta atividade é enterrar os objetos em uma grande caixa, deixando um dos lados protegido por um vidro, através do qual se possa acompanhar o processo de decomposição.

Discussão

Uma visita ao supermercado pode dar uma ideia da quantidade de embalagens levadas pelos consumidores e, depois, depositadas na natureza.

Tais resíduos levam um tempo diferente para se decompor, dependendo do tipo de material e das condições do solo onde o produto foi deixado. Fatores como luz, umidade, microrganismos e temperatura influenciam a velocidade de decomposição.

Por isso, não é recomendável afirmar o tempo de decomposição de cada produto, pois dependerá das condições físicas, químicas e biológicas do local. Solos ácidos, úmidos e sob sol intenso certamente oferecerão condições de decomposição diferentes de solos alcalinos, secos e sob céu nublado. Assim, é bom falar em tempos *estimados* ou *médios* de decomposição.

Produtos orgânicos são rapidamente incorporados ao solo, enquanto produtos inorgânicos, como alumínio e plástico, demoram mais.

A questão "6.d" é crucial para a compreensão dos problemas gerados pelo depósito inadequado de resíduos (lixões). Quanto mais um resíduo demora para se decompor, mais retarda a reincorporação de seus componentes nos ciclos químicos da natureza, atrapalhando a "lubrificação" dos sistemas naturais.

Por essa razão, é fundamental acentuar a importância de reduzir a produção de resíduos, reaproveitar, reciclar e preciclar. Tão importante quanto isso são a construção de aterros ambientalmente adequados e a implantação de centrais de reúso e reaproveitamento de resíduos.

Atualmente, pode-se produzir energia elétrica a partir dos aterros por meio da combustão do biogás, e ainda obter créditos de carbono. Um exemplo dessa possibilidade é o aterro de Cotia, São Paulo.

22. Créditos de carbono do seu município

A Convenção do Clima estabeleceu limites para a emissão de gases que causam o aumento do efeito estufa. Quem ultrapassa esses limites tem de comprar títulos de quem consegue estocar carbono. Por exemplo, quem tem áreas reflorestadas estoca carbono, pois, ao crescer, as árvores capturam o carbono presente no gás carbônico atmosférico e o armazenam em seus troncos.

Esses valores podem ser calculados, certificados por uma espécie de atestado dado pelo Governo e colocados à venda na Bolsa de Valores.

Quem precisa, ou seja, quem não reduz as emissões de carbono, pode comprar esses créditos (atestados) de quem os adquiriu. É óbvio que quem compra não vai querer continuar comprando a cada ano, logo, buscará aperfeiçoar seus processos de produção de modo a reduzir suas emissões e cumprir suas metas.

Objetivos

Conhecer o conceito de créditos de carbono e compreendê-los como uma contribuição às soluções para os problemas criados pelos próprios seres humanos.

Refletir sobre a demora em se tomar tais providências em seu município.

Procedimentos

Informar-se na Prefeitura ou Secretaria de Meio Ambiente do município sobre a estimativa de produção de resíduo sólido (lixo) diário (também pode ser semanal, mensal ou anual).

Sabe-se que os lixões produzem dois gases que causam o aumento do efeito estufa: dióxido de carbono ou gás carbônico (CO_2) e gás metano (CH_4).

É conhecido que:

– A cada 3 t de lixo produzidas, emite-se 1 t de CO_2 para a atmosfera.

– A cada 1 t de CO_2, o lixão emite também 1 t de CH_4, gás de efeito estufa 21 vezes mais poderoso que o CO_2.

Com essas informações, deve-se calcular as emissões de gases de efeito estufa feitas pelo lixão de seu município em um ano:

a. Dividir por três o número de toneladas de lixo produzidas em um ano, obtendo a quantidade de toneladas de CO_2 produzida em um ano.

b. Multiplicar esse resultado por 21 (por causa das emissões do CH_4).

Multiplicando o valor obtido por seis,[1] obtém-se o quanto, em dólares, seu município poderia conseguir com a venda de créditos de carbono caso o lixão fosse transformado em um aterro ambientalmente correto, com reaproveitamento de resíduos para reciclagem e queima de biogás para produzir energia elétrica e neutralizar carbono por meio de Mecanismo de Desenvolvimento Limpo (MDL).[2]

Exemplo de cálculo:

a. Um município de 10 mil habitantes produz, em média, 7 t de lixo por dia (considerando que cada habitante produza 0,7 kg de lixo por dia).

b. Em um ano, ele deverá produzir em torno de 2.555 t de lixo (7 × 365 dias).

c. Essas 2.555 t de lixo produzem 851 t de CO_2 por ano (2.555 ÷ 3) e outras 851 t de CH_4. Este pode ser transformado em energia e vendido. As 851 t de CO_2 poderiam gerar 5.106 dólares (6 × 851). Multiplique esse valor pela cotação do dólar e veja quantos reais os cofres públicos poderiam estar arrecadando com a venda de créditos de carbono.

Discussão

Esta atividade demonstra a importância de se ter pessoas esclarecidas e bem preparadas intelectualmente na administração das cidades. Prefeitos e vereadores ignorantes com frequência levam sua estreita visão do mundo para suas propostas e decisões. Como

1 Seis dólares por tonelada de CO_2 era a cotação em maio de 2009, mas esse valor muda mensalmente. Verifique a cotação atual.

2 No *site* do Ministério da Ciência e Tecnologia (www.mct.gov.br), no tema "Mudanças Climáticas", há informações detalhadas sobre o MDL e projetos de redução de emissão de gases de efeito estufa ou aumento de remoção de CO_2 (Fundação Getúlio Vargas, 2002).

resultado, os municípios perdem excelentes oportunidades de gerar emprego e renda, proteger seus recursos naturais e melhorar a qualidade de vida de todos.

A geração de resíduos sólidos (lixo) de uma cidade há muito deixou de ser problema para se tornar solução. Com auxílio da gestão ambiental, o lixo gera renda, emprego, energia elétrica e créditos de carbono que podem ser comercializados na Bolsa de Valores. Para tanto, são necessários competência, comprometimento e capacidade de perceber os benefícios que a inovação ecotecnológica pode trazer.

Administrações corruptas, ignorantes e desatualizadas, em geral, costumam ver os ambientalistas e as leis ambientais como obstáculos ao "desenvolvimento".

23. Atitudes pessoais que contribuem para a adaptação às mudanças climáticas globais

Como vimos, o dióxido de carbono ou gás carbônico (CO_2) e o metano (CH_4) são os dois gases que mais contribuem para aumentar o efeito estufa, aquecer a Terra e mudar o clima. A mudança climática causa danos à sociedade (secas, enchentes, perdas de safras, aumento de doenças e outros).

Objetivos

Listar atividades humanas que emitem gás carbônico para a atmosfera.

Relacionar atitudes pessoais que podem contribuir para a mitigação da mudança climática global e para adaptação a ela.[1]

Procedimentos

Os participantes devem ser divididos em quatro grupos:

– Grupo 1: deve fazer uma listagem das atividades humanas que produzem gás carbônico e o liberam na atmosfera.

1 Todo tipo de intervenção humana, inclusive mudanças e substituições tecnológicas, voltada para a redução do uso de recursos naturais e das emissões dos gases de efeito estufa contribui para a mitigação. Ajustes em práticas, processos e estruturas que podem reduzir ou eliminar o potencial de destruição ou o aproveitamento de vantagens e oportunidades que gerem mudanças no clima contribuem para a adaptação.

– Grupo 2: deve listar as atividades humanas que produzem metano e o liberam na atmosfera.

– Grupo 3: deve listar as atitudes e decisões humanas que podem contribuir para a redução das emissões de gás carbônico.

– Grupo 4: deve listar as atitudes e decisões humanas que podem contribuir para a redução das emissões de metano.

Exemplos de atividades humanas que contribuem para aumentar o gás carbônico na atmosfera:

– Consumo de combustíveis fósseis (gasolina, óleo dísel, carvão mineral).
– Promover queimadas e incêndios florestais.
– Promover retirada predatória de madeira.
– Queimar pneus e lixo.
– Promover desmatamento.

Exemplos de atividades humanas que produzem metano:

– Gerar resíduos sólidos (lixo).
– Manter animais em criadouros para abate (principalmente bois, porcos e aves) ou em pastagens (bois).

Exemplos de atitudes e decisões humanas que podem contribuir para a redução das emissões de gás carbônico:

– Utilizar mais o transporte coletivo e a bicicleta.
– Fazer mais caminhadas para a escola ou o trabalho.
– Economizar energia elétrica.
– Escolher, apoiar, estimular e utilizar fontes mais limpas de energia.
– Substituir o consumo de gasolina por álcool.
– Aproveitar mais a iluminação e a ventilação naturais.
– Plantar árvores.
– Apoiar a criação de mais unidades de conservação (parques, reservas e outros).
– Combater queimadas e incêndios florestais.
– Só comprar madeiras certificadas com o selo de manejo florestal ambiental.
– Combater o desmatamento.
– Utilizar sacolas de pano, evitando as plásticas.

Exemplos de atitudes e decisões humanas que podem contribuir para a redução das emissões de metano:

– Reduzir a produção de resíduos (lixo).

– Reduzir ou substituir o consumo de carne por outras fontes de proteína.
– Mudar hábitos alimentares.
– Promover a coleta seletiva, reutilizar materiais e reciclar.
– Promover a compostagem.

Discussão

Foi possível observar que há decisões pessoais que podem contribuir com (ou aumentar) as emissões de gás carbônico e metano para a atmosfera e que não se relacionam a governos, organizações internacionais e leis. Há outras situações, entretanto, que dependem de ajustes evolucionários que ainda demandarão certo tempo.

Pode-se citar as emissões de metano oriundas dos arrozais. Vamos deixar de comer arroz? Seria essa a solução? Outro exemplo é a produção de metano em estações de tratamento de esgotos. Vamos deixar de tratar os esgotos? (Ministério da Ciência e Tecnologia, 2006)

Outro caso é o transporte coletivo. Em várias cidades, ele é caótico, desconfortável e ineficiente. Muitas vezes as pessoas não têm outra opção a não ser o carro particular. Com isso, o trânsito da cidade piora e a poluição aumenta. Perde-se qualidade de vida. O que fazer? Em uma cidade, o transporte público deve representar mais de 70% das opções de deslocamento, mas no Brasil isso não acontece (ver tabela 1).

Tabela 1. Transporte urbano de pessoas no Brasil

Meio de locomoção	%
Motocicleta	2
Bicicleta	3
Carro (particular)	28
Transporte público	32
Caminhada	35

FONTE: MINISTÉRIO DAS CIDADES E ASSOCIAÇÃO NACIONAL DOS TRANSPORTES.

Enfim, nota-se que algumas situações aguardam avanços e inovações tecnológicas (ou então se encaminharão para uma grande encrenca!).

Porém, sabe-se que nem tudo se resolve apenas por meios tecnológicos. Há também um longo caminho pelos corredores da burocracia, dos interesses econômicos e políticos, além das resistências culturais (que são muitas).

Precisam ser mudadas percepções e atitudes dos políticos, planejadores, administradores, empresários, religiosos, educadores, estudantes, pesquisadores e outros. Portanto, as contribuições pessoais são importantes, mas quando isoladas são insuficientes para mudar os rumos.

Observação importante: em países desenvolvidos, o planejamento para a adaptação às alterações climáticas já se transformou em uma "indústria" de rápido crescimento.

24. Medindo as contribuições pessoais ao aquecimento global

O botijão de gás consumido e o lixo colocado à frente da porta de casa para ser recolhido (sabe Deus para onde) parecem ações de baixo impacto ambiental. Contudo, somos 6 bilhões de human@s fazendo isso, de certo uns mais que os outros.

Objetivo

Promover a percepção das contribuições pessoais ao aquecimento global, geradas por atividades e atitudes cotidianas.

Procedimentos

Examinar duas situações:

1) produção de resíduos sólidos (lixo) e
2) consumo de gás de cozinha (botijão).

Resíduos sólidos (lixo)

Considere que a média de produção diária de resíduos sólidos de um brasileiro seja de 700 g (0,7 kg/dia).[1]

Multiplique esse valor pela população de sua cidade e, depois, por 365 para obter a produção anual de lixo de seu município.

1 Em países ricos essa média varia entre 1 e 1,8 kg/dia.

Vejamos como exemplo, uma cidade de 60 mil habitantes: 60.000 x 0,7 kg x 365 dias = 15.330.000 kg/ano = 15.330 t/ano.

Sabe-se que cada 3 t de lixo produz 1 t de CO_2. Portanto, o lixo anual daquela população produz 5.110 t de CO_2 a cada ano (15.330 ÷ 3 = 5.110).

A decomposição dos resíduos sólidos libera a mesma quantidade de metano, que tem 21 vezes mais capacidade de aumentar o efeito estufa que o gás carbônico. Então, multiplicamos 5.110 por 21, obtendo 107.310 t. Somando as duas emissões (CO_2 + CH_4), temos que 112.420 t de gases de efeito estufa são jogados anualmente na atmosfera pela produção de lixo dos 60 mil habitantes da cidade em questão.

Logo, a população humana dessa cidade "contribuiu" com 112.420 t/ano de gases de efeito estufa, para complicar ainda mais o aquecimento global.

É importante observar que cada hectare de Mata Atlântica pode absorver, em média, 2,6 t de CO_2 por ano, ou seja, para neutralizar essa "contribuição" seriam necessários 1.965 ha de florestas (Mata Atlântica) para absorver o gás carbônico ali produzido (5.110 ÷ 2,6 = 1.965). Como essa área de floresta não está disponível, ele se acumula na atmosfera, agravando ainda mais a mudança climática.

Consumo de gás de cozinha

Quando se consome gás de cozinha (GLP), sua combustão produz gás carbônico, que é liberado para a atmosfera.

Continuemos com o exemplo de uma cidade com 60 mil habitantes. A média de tamanho da família brasileira é de quatro pessoas por domicílio. Considere-se que cada domicílio consuma um botijão de gás por mês.

Então, 60 mil habitantes consomem 15 mil botijões a cada mês (60.000 ÷ 4). Em um ano são 180 mil botijões (15.000 x 12 meses).

Cada botijão de gás consumido libera para a atmosfera 88 kg de CO_2. Logo, aquela população produz 15.840.000 kg de CO_2 (180.000 x 88), o que corresponde a 15.800 t de CO_2/ano apenas para cozinhar.

Já sabemos que a floresta pode absorver 2,6 t de CO_2/ha/ano. Então, seriam necessários 6.076 ha de florestas para neutralizar (absorver, armazenar no corpo da árvore) as 15.800 t de gás carbônico produzidas pelo consumo de gás de cozinha pela cidade em questão (15.800 ÷ 2,6 = 6.076 ha).

Somando os dois tipos de produção de gases de efeito estufa, obtêm-se os valores da tabela 2.

Tabela 2. Produção de gases de efeito estufa em cidade de 60 mil habitantes

Fonte de emissão	CO_2 emitido (t/ano)	Área florestal necessária para neutralizar o CO_2 (ha/ano)
Resíduos sólidos (lixo)	5.110	1.965
Gás de cozinha (GLP)	15.800	6.076
Total	20.910	8.041

Discussão

Observe que para absorver (ou neutralizar) a quantidade de gás carbônico produzido apenas pelo consumo de gás de cozinha e geração de lixo daqueles 60 mil habitantes seriam necessários 8.041 ha de florestas (equivalentes a aproximadamente 820 campos de futebol).

Considerando que esse município não tem os 8.061 ha de florestas disponíveis para neutralizar essas 20.910 t de gás carbônico, essa quantidade vai para a atmosfera e junta-se às emissões de outras cidades que apresentam o mesmo problema e, com efeito, contribui para aumentar a concentração desse gás e, em consequência, para aumentar o efeito estufa, aquecendo ainda mais o planeta e mudando seu clima.

Se fossem incluídas as emissões derivadas do consumo de combustíveis fósseis (sobretudo gasolina e óleo dísel), madeira, papel, carne, energia elétrica e água, esse resultado com certeza seria ampliado várias vezes.

Essa "contabilidade" demonstra claramente que nossa forma de viver é insustentável, ou só se torna possível graças à degradação ambiental – aniquilação das florestas e imposição de mudanças climáticas, por exemplo – que traz consequências para a própria sociedade – aumento dos preços dos alimentos, por exemplo (no dia 7 de setembro de 2009 anunciou-se no Brasil um aumento de 45% no preço do açúcar. Motivo: queda da safra de cana-de-açúcar em países africanos decorrente de mudanças climáticas).

Outro elemento relevante dessa atividade é demonstrar a crescente dependência humana de recursos naturais que se tornarão cada vez mais escassos. Observe que dependemos do petróleo até para cozinharmos nossos alimentos! Com certeza, isso terá de mudar.

25. A brincadeira séria das charges

O cineasta Arnaldo Jabor, por meio das suas crônicas na TV e nos jornais, consegue expressar as incertezas, o ridículo e as contradições da sociedade humana, com seriedade e humor. Muitos chargistas brasileiros também o fazem e prestam um serviço relevante à evolução da sociedade.

Objetivo

Estimular a capacidade de análise crítica e síntese de situações.

Procedimentos

Solicitar que os participantes busquem, em revistas, jornais, internet e outros meios, charges que abordem a temática ambiental. Organizar uma mostra das mesmas e promover discussão a respeito das diferentes mensagens

Em seguida, deve-se pedir que identifiquem temas ambientais locais que mereçam reflexão crítica e promover a elaboração de charges sobre eles.

Sugere-se organizar uma exposição das melhores produções. Eis algumas sugestões:

Fazer uma charge que promova uma crítica à hipocrisia dentro das corporações. O chefão vocifera contra a fumaça do cigarro de seu empregado, em sua confortável sala com ar-condicionado, enquanto suas chaminés envenenam o ar de todos. Veja a tentativa.

Figura 4. A brincadeira séria das charges.

Veja outra situação:

Figura 5. A brincadeira séria das charges. A bordo de seu potente e poluidor veículo utilitário esportivo (SUV), o ricaço desdenha: "Aquecimento global? Eu tenho ar condicionado!", ou seja, a situação dele está resolvida, o restante não importa. Esse é um ótimo exemplo de analfabetismo ambiental: acreditar que seus atos não geram consequências para você mesmo.

Outra situação:

Figura 6. A brincadeira séria das charges. A ganância do homem que aniquila árvores emoldura sua ignorância. A morte ao lado ri da sua inconsequência.

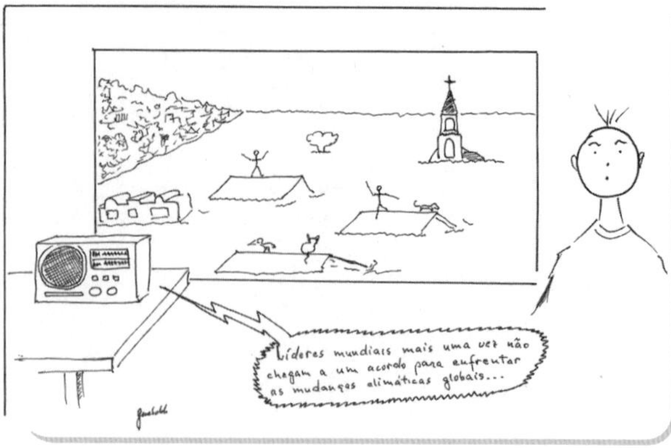

FIGURA 7. A BRINCADEIRA SÉRIA DAS CHARGES. NO RÁDIO PORTÁTIL OUVE-SE A NOTÍCIA DE QUE OS RESULTADOS DE UMA IMPORTANTE CONFERÊNCIA MUNDIAL SOBRE MUDANÇAS CLIMÁTICAS (KOP 15, 16...) FORAM LEVADOS "ÁGUA ABAIXO" PELOS LÍDERES MUNDIAIS. ENQUANTO ISSO AS FORTES CHUVAS INUNDAM A REGIÃO.

Imagine a seguinte situação:

FIGURA 8. A BRINCADEIRA SÉRIA DAS CHARGES. UM ADULTO SAQUEIA O COFRINHO DE UMA CRIANÇA. O COFRINHO REPRESENTA OS RECURSOS NATURAIS DA TERRA BRUTALMENTE SAQUEADOS PELO CONSUMISMO E PELO IMEDIATISMO ALIMENTADOS POR EGOÍSMO E GANÂNCIA. A CRIANÇA DORME INOCENTE ENQUANTO O ADULTO ROUBA SUAS ECONOMIAS E É OBSERVADO PELOS BICHINHOS DE PELÚCIA. AGORA TENTE FAZER A CHARGE DESTA SITUAÇÃO.

Discussão

Os humoristas são os críticos mais ferrenhos do comportamento da sociedade humana. Possuem percepção muito refinada a respeito dos problemas socioambientais e, de forma satírica, mordaz e espirituosa, mostram as mazelas humanas, suas incongruências, desencontros, contradições e dramas, sem perder o lado humorístico das situações.

As charges desnudam nossos comportamentos, atitudes e hábitos e brincam com nossos momentos ridículos, rudes, arrogantes, infelizes, tendenciosos e egoístas, mas também corajosos, cooperativos, criativos e determinados, em muitos casos. Expõem ainda a necessidade de termos sempre uma visão do todo e estimulam a análise e a síntese. Enfim, são uma brincadeira muito séria.

26. Exercícios de simulações ambientais

Objetivo

Promover a percepção da complexidade e das inter-relações envolvidas em problemas ambientais, simulando situações possíveis em realidades locais.

Procedimentos

Pretende-se simular a ocorrência de diversas situações de desequilíbrio socioambiental em uma cidade, examinando suas consequências e as alternativas de soluções. Exemplos:

– Não chove há dois anos.
– Chove sem cessar há dois meses.
– Há um mês a temperatura é de 0°C.
– Há um mês a temperatura é de 50°C.
– Falta energia elétrica há um mês.
– Há um mês o fornecimento de combustíveis e gás de cozinha foi interrompido.

Cada grupo fica encarregado de uma simulação. Sugere-se que os grupos se reúnam em locais distintos para evitar interferências por conta das discussões.

Os componentes de cada grupo devem elaborar duas listas: uma enumerando as consequências do desequilíbrio e outra listando cinco sugestões de solução. Concede-se vinte minutos para a tarefa.

Cada grupo deve eleger um relator para apresentar (oralmente) as duas listagens aos outros grupos. Sugere-se estipular o tempo de exposição para cada grupo (cinco minutos é um tempo razoável), pois as discussões podem se tornar acaloradas (o que é um excelente sinal de interesse) e a apresentação, excessivamente longa.

Promove-se uma discussão sempre que um grupo finalizar sua apresentação e, ao final, outra sobre os resultados apresentados, com a pergunta: "o que seria necessário para que nada disso acontecesse?".

Discussão

Observe que esta atividade pretende promover a percepção da complexidade da teia de interações quando se trata de questões ambientais. Muitos fatores estão interligados, um afetando o outro. A rede de interferências é praticamente global.

Acompanhe os exemplos:

Chuvas em excesso causam falta de energia elétrica, da mesma forma, se há escassez e seca, as hidrelétricas podem sofrer colapsos e faltar energia elétrica. A falta de energia interrompe inúmeras dinâmicas sociais, como as produções agrícola e industrial, o saneamento e a saúde pública. O abastecimento, as comunicações, a segurança, a iluminação pública, a educação e o lazer, entre outros, são afetados. As cidades entram em colapso em poucos dias, pois seus serviços essenciais deixam de funcionar.

Secas ou enchentes, assim como temperaturas extremas, podem reduzir a produção agrícola e causar diminuição na oferta de alimentos, elevando os preços. A incidência de desnutrição e doenças podem aumentar, assim como o consumo de energia elétrica, o que acarreta sobrecargas e falta de energia elétrica, causando colapsos.

Esses colapsos estabelecem competição ferrenha pelos poucos recursos disponíveis – água, alimentos, combustíveis, abrigo, energia e outros – e geram quadros de barbárie e caos social. Desmontam-se as estruturas que a sociedade humana construiu ao longo de séculos.

A pergunta "O que seria necessário ocorrer para que nada disso acontecesse?" remete-nos a uma conclusão óbvia: *que os ecossistemas funcionem normalmente.*

Para que isso ocorra, os ecossistemas precisam que as florestas, as nascentes, os rios, o solo, a fauna e outros componentes de sua engrenagem estejam em perfeitas condições de funcionamento.

Se os seres humanos desmontam essas engrenagens por meio de desmatamentos, queimadas, poluição e desperdício, por exemplo, os ecossistemas buscam outras formas de equilíbrio. Daí as secas e as enchentes, as temperaturas extremas, os ventos violentos e outros eventos climáticos. Esses são movimentos naturais de compensação.

Ainda não temos quadros tão trágicos como os mencionados. Isso é sinal de que os *ecossistemas ainda estão funcionando em padrões regulares aos quais nós, seres humanos, podemos nos adaptar.*

Resta-nos cuidar, para que o quadro atual não piore, e buscar melhorá-lo. Para tanto, é necessário reconhecer nossos erros e reparar os danos causados. Ainda é tempo. Mas não podemos esperar muito, pois a mudança ecossistêmica pode ocorrer antes de nossas demoradas decisões.

27. O desafio das cadeiras

A maioria dos problemas ambientais que a espécie humana enfrenta foi criada por ela mesma. Logo, pode-se acreditar que essa mesma espécie também tenha capacidade de identificar tais problemas, criar alternativas de soluções e encontrar formas de executá-las com sucesso.

Objetivo

Demonstrar que é possível atingir os resultados desejados quando os objetivos são definidos e há capacidade de cooperação.

Procedimentos

Dispor as cadeiras em círculo de modo que fiquem bem próximas umas das outras. Colocar outras cadeiras em frente às do círculo, de forma salteada, deixando aproximadamente cinco ou seis destas sem outras cadeiras à frente.

Pedir que um grupo de pessoas tome assento nas cadeiras do círculo, deixando algumas vazias.

Pedir que um segundo grupo se sente fora desse círculo; serão os *membros observadores*. Devem compor esse grupo @s participantes com qualquer restrição de locomoção, pós-operatórios recentes, com medo de altura, grávidas, obes@s, portador@s de labirintite e outros. Esclarecer que essa medida evita riscos de contusões, sendo uma questão de segurança e não de discriminação.

As pessoas do primeiro grupo devem tirar seus calçados e meias e ficar de pé sobre as cadeiras. Orientá-las que será dado um comando para se posicionarem segundo uma determinada ordem crescente e que possivelmente terão de trocar de lugar. Informá-las que para isso deverão se mover em qualquer sentido, usando as cadeiras em frente ao círculo para facilitar a movimentação e tendo cuidado onde elas não existirem. *Ninguém pode tocar o pé no chão*, isso significaria que o grupo falhou no cumprimento da missão.

Dar o comando: "Vocês devem se colocar em ordem crescente de data de aniversário (dia e mês).".

Após esse anúncio, nenhuma informação adicional pode ser dada. As pessoas deverão "se virar" para atingir o objetivo definido. Com certeza, será estabelecida uma confusão generalizada, as pessoas gritando e gesticulando em uma divertida algazarra. Após um período de aparente caos, o grupo começará a se organizar. Quando o objetivo for atingido, anuncia-se o tempo gasto e pedem-se aplausos para todos.

Em seguida, pedir que todos se sentem na cadeira na qual se posicionaram e solicitar que os membros observadores comentem o que viram, procurando descrever cada etapa, os comportamentos apresentados, o surgimento de lideranças, as iniciativas, as indecisões, as maneiras usadas para atingir o objetivo.

Então, revela-se o objetivo e o significado reais da atividade:

- Cada pessoa do grupo das cadeiras representa um país na Organização das Nações Unidas (ONU). A todos foi anunciado um desafio: "Precisamos reduzir nossas emissões de gás carbônico para combatermos o aquecimento global.".
- O que acontece a seguir é a providência de cada país e a reação do grupo. No primeiro momento, observa-se um caos generalizado: gritaria, nervosismo e também apatia.
- Então surgem as primeiras lideranças, orientando, dando ordens de comando ou anunciando procedimentos. Outros ficam mais retraídos, parados, esperando o que vai acontecer. Surgem alguns conflitos, logo superados.
- Algumas pessoas começam a trocar de lugar de forma espontânea, outras dão as mãos para ajudar ou para pedir ajuda. Elas aceitam e confiam na ajuda das mãos estendidas. É estabelecida a cooperação e, após um tempo, chega-se à ordem solicitada.
- Para avaliar se o objetivo foi alcançado, sugerir que cada um anuncie sua data de nascimento em voz alta, um a um, até completar o círculo.

Estimular reflexões comentadas na *discussão* a seguir.

FOTOGRAFIA 40.
FASE DE PREPARAÇÃO. OBSERVAR AS CADEIRAS EM FRENTE ÀQUELAS NAS QUAIS OS PARTICIPANTES SE ENCONTRAM (BIOCENTRO, OURO BRANCO, MG).

FOTOGRAFIA 41.
MOMENTO DO TROCA-TROCA DE POSIÇÕES (ALUN@S DE ENGENHARIA AMBIENTAL DA UCB).

FOTOGRAFIA 42.
INÍCIO DAS MUDANÇAS DE LUGAR. AJUDA MÚTUA E MOMENTOS DE INDECISÃO: E AGORA? (BIOCENTRO, OURO BRANCO, MG).

Fotografia 43.
Perguntando, cooperando, agindo (Biocentro, Ouro Branco, MG).

Fotografia 44.
Buscando a posição correta no grupo (Biocentro, Ouro Branco, MG).

Discussão

A grande lição que se extrai desta atividade é a força da cooperação. Por meio da cooperação as pessoas, as comunidades e as nações podem atingir seus objetivos. Mas, para tanto, é necessário definir claramente o objetivo. Quando todos têm um objetivo em comum, cada um à sua maneira e conforme suas possibilidades (habilidades, capacidade técnica, competências, cultura, situação econômica, social e política, entre outras) busca as ações para atingir os resultados esperados.

As áreas sem as cadeiras auxiliares representam as nações mais pobres, onde as dificuldades são, naturalmente, maiores. Mesmo assim, elas integram o esforço conjunto para a solução do problema identificado.

A humanidade hoje reúne capacidade para resolver a maioria absoluta dos seus problemas – doenças, violência, fome, poluição, aquecimento global, secas, inundações, desmatamento, incêndios florestais e outros. Porém, ela esbarra no egoísmo que leva à indiferença e à cegueira social e prende-se ao consumismo desregrado e ao domínio pela força do conhecimento tecnológico (guerras, engenharia de especulação, agiotagem transnacional e outros) ou ao poço sem fundo da corrupção e da ganância.

A humanidade vive um grande desafio: mudança climática global irreversível. Resta-nos a mitigação e a adaptação. Temos capacidade para elas, mas sem cooperação não poderemos atingir o resultado esperado: a sustentabilidade humana na Terra.

O grupo que acabou de executar a tarefa é formado por componentes da espécie humana. Constitui uma pequena amostra dela. E demonstrou que é possível.

28. Interpretação ambiental em trilha urbana

A maior parte da humanidade vive hoje em ecossistemas urbanos. Conhecer e compreender seu funcionamento é essencial para a percepção dos nossos cenários e desafios socioambientais.

As cidades ocupam apenas 4% da superfície da Terra, mas consomem 85% dos recursos naturais e geram 75% da poluição global. A observação dos detalhes do funcionamento da vida urbana pode ajudar a compreender a necessidade de mudanças que o ser humano terá de enfrentar.

Objetivos

Conhecer os elementos que constituem o metabolismo dos ecossistemas urbanos.

Compreender as contribuições às pressões ambientais geradas por esse metabolismo.

Perceber a riqueza de inter-relações geradas dentro e fora deles.

Procedimentos

A ideia é promover uma caminhada pela cidade, com um pequeno grupo (no máximo vinte pessoas). Não há um lugar específico, pode ser qualquer área urbana onde se possam encontrar residências, comércios, praças, vias, estacionamentos etc.

Sugere-se esta sequência:

1. Parar em um determinado ponto e pedir que o grupo observe atentamente a sua volta (não mais que dois minutos). Destacar vias, casas, prédios, fachadas, muros,

pessoas, carros, telhados, monumentos, vegetação, calçadas, portões, pinturas, grades, janelas, vasilhames, ruídos, sons, cores, calor ou frio, espaços, becos, sujeiras, limpezas, mensagens, placas, símbolos, fiação elétrica, antenas, casas comerciais, residências, repartições públicas, farmácias, bancos, postos de combustíveis, padarias, alimentos, água, energia elétrica, enfim, *tudo* que possa ser registrado pela retina do observador naquele ponto.

2. Pedir ao grupo: "De tudo que foi observado, identificar o que foi trazido de outro lugar.". Em outras palavras: "O que está aqui agora e que não estava antes da chegada do ser humano?". Após alguns minutos, pedir que @s participantes comecem a expressar suas observações.

É necessário, porém, ter em mente algumas informações.

As cidades representam as áreas mais profundamente modificadas pelos seres humanos. Formam os ecossistemas mais dispendiosos para a natureza, o que é demonstrado pelos colossais gastos de matéria e energia.

Para que as cidades sejam construídas e mantidas, retiram-se florestas, desmontam-se montanhas, desviam-se e represam-se rios, formam-se lagos artificiais, impermeabilizam-se solos, mudam-se profundamente as paisagens.

Depois, para a cidade funcionar, a energia elétrica vem de longe, assim como a água e os alimentos consumidos. Em geral, os produtos que chegam às cidades vêm de lugares que podem estar do outro lado do mundo.

Os metais que estão nas cidades (fios, eletrodomésticos, veículos, vergalhões, postes, portões, antenas etc.) foram trazidos de longe. Alguém desmanchou uma montanha; siderúrgicas poluíram e consumiram energia e muita água para produzir e transformar os metais depois transportados até a cidade.

As madeiras que estão nas cidades (portas, móveis etc.) vieram da derrubada de florestas longínquas. O carvão dos churrascos veio de árvores cortadas e céus poluídos por fuligem e fumaça das queimadas.

Os combustíveis foram trazidos do subsolo de locais muito distantes, depois de serem processados. Cada litro ou quilograma consumido joga para o ar atmosférico o gás carbônico nele armazenado.

A areia, as pedras, o cascalho, o concreto e o cimento que compõem as edificações foram trazidos depois da devastação de beira de rios, florestas, montanhas e solos, o que acarreta desmatamento, destruição de nascentes, erosão, assoreamento dos rios, enchentes, poluição das águas e morte de animais.

As roupas podem ter sido produzidas por algodões ou materiais sintéticos do outro lado do planeta, assim como tênis, equipamentos eletrônicos, brinquedos, medicamentos, papéis, plásticos, embalagens, cosméticos, produtos de limpeza etc. A lista é interminável.

Nas cidades, tudo isso se mistura em um metabolismo de consumo que resulta na produção de resíduos sólidos (lixo), gases expelidos para a atmosfera (sobretudo dióxido de carbono) e calor.

Dessa forma, a interpretação do ecossistema urbano deve partir da observação paciente e detalhada de seus elementos e sistemas.

Observar que as cidades abrigam sistemas dentro de sistemas. Há sistemas de distribuição de água e esgotos, mas há também o de cobrança das taxas. Há sistemas de distribuição de gás de cozinha, alimentos, jornais, combustíveis, policiamento, iluminação, lazer, transportes, educação, comunicação, vícios diversos e por aí vai.

As fotos apresentadas a seguir ilustram algumas situações experimentadas durante a interpretação ambiental de algumas trilhas realizadas com alun@s em diferentes locais.

Fotografia 45.
Turistas no Farol da Barra, Salvador, BA. Observar a presença de táxi, van e ônibus. Cada turista utilizou um meio de transporte que consumiu grande quantidade de combustível fóssil (carro, avião etc.) para chegar. O vaivém das pessoas no mundo representa um dos grandes impactos ambientais causados pelos seres humanos: os transportes.

Fotografia 46.
A atenção ao transporte público reflete a percepção dos administradores públicos. Estações-tubo para embarque em ônibus coletivos que circulam em faixas exclusivas, Curitiba, PR. Mais transporte público, menos carros particulares nas ruas, menos poluição, menos gás carbônico, tráfego melhor, menos ruídos e por aí vai.

Fotografia 47.
Minha casa, meu carro. Esse modelo de transporte individual satura o trânsito, polui o ar, mas beneficia as montadoras de veículos, concessionárias, autopeças, os donos do petróleo... Há de se investir mais em transporte coletivo de melhor qualidade e eficiência.

Fotografia 48.
Símbolos do consumismo (*shopping center*) e individualismo (carros). Quando os excessos complicam a equação da sustentabilidade.

Fotografia 49.
Mais áreas naturais desaparecem para dar lugar a mais estacionamentos. Menos vegetação, mais carros. Menos sustentabilidade, mais consumo e lucros.

Fotografia 50.
Para cada apartamento destes as pessoas levarão móveis, eletrodomésticos, roupas, materiais de limpeza, iluminação, medicamentos, cosméticos, sapatos, alimentos, TVs, computadores, livros, revistas, enfim, parafernálias, além de carros, muito carros. Elas consumirão água, energia elétrica, matérias-primas, alimentos etc. e produzirão lixo, esgoto, calor e gases que aumentam o efeito estufa (dióxido de carbono e metano). E a urbanização não para de crescer, em todo o mundo.

Fotografia 51.
Os ecossistemas urbanos são os campeões em importação de materiais. Toda esta pavimentação veio das profundezas da Terra (asfalto derivado de petróleo). Em Palmas, Tocantins, as grandes distâncias fazem as pessoas muito dependentes do petróleo.

Fotografia 52.
Palmas, TO. Travessia de 18 km sobre um gigantesco lago de 640 km^2 e 170 km de extensão formado pela barragem do rio Tocantins. Toda essa modificação no ambiente foi feita, sobretudo, para alimentar o metabolismo de cidades muito distantes dali.

FOTOGRAFIA 53.
NO NÚCLEO BANDEIRANTE, CIDADE PIONEIRA, EM BRASÍLIA, DF, ESTA CASA RESISTE AO TEMPO. É A ÚNICA QUE SOBROU DE UM VALIOSO PATRIMÔNIO HISTÓRICO-CULTURAL DA SAGA DA CONSTRUÇÃO DA CAPITAL DO BRASIL. UM MISTO DE IGNORÂNCIA, POUCO CASO E INCOMPETÊNCIA ADMINISTRATIVA DE VÁRIAS ESFERAS COLOCA ESSE PATRIMÔNIO EM RISCO. SITUAÇÃO QUE SE REPETE EM VÁRIAS CIDADES.

FOTOGRAFIAS 54 E 55.
NÚCLEO BANDEIRANTE E ASA NORTE, BRASÍLIA, DF. A FISIONOMIA URBANA EXPRESSA, DE FORMA DIRETA, A DIVERSIDADE DAS PESSOAS. ESTAS CASAS FORAM ENTREGUES A SEUS PROPRIETÁRIOS EXATAMENTE IGUAIS. COM O TEMPO, CADA UM DELES FOI IMPRIMINDO SUA CULTURA, GOSTOS, HÁBITOS, RECEIOS, ANSEIOS, NECESSIDADES, CONCEPÇÕES, CONCEITOS, SITUAÇÕES (ECONÔMICA, SOCIAL, RELIGIOSA, ÉTNICA).

Fotografia 56.
Fábricas de estresse? A falta de espaço para as crianças (e adultos também) com certeza não fez parte da propaganda de venda destes imóveis em Águas Claras, DF. A excessiva proximidade dos prédios pode tornar impossível a atuação dos bombeiros, em caso de sinistros (fogo): expressão do inconsciente coletivo. Tampouco se falou que cada novo apartamento abrigará pessoas que irão consumir mais recursos naturais, produzir mais resíduos e gerar mais gás carbônico.

Fotografia 57.
Belo Horizonte, MG. Algumas árvores ainda resistem em meio ao concreto. Nas cidades as responsabilidades e identidades se diluem. Cada um em seu canto isola-se do mundo natural do qual depende.

Fotografia 58.
Condomínio Mônaco, Tororó, DF. Mais qualidade de vida, em locais ambientalmente planejados.

Fotografia 59.
Vegetação, áreas de absorção de chuvas, espaço para o pedestre: planejamento e gestão ambiental a serviço da qualidade de vida.

Fotografia 60.
Área de preservação ambiental no condomínio Mônaco, Tororó, DF, com proteção de nascentes e área verde regulamentar. Compatibilização entre necessidade de moradias e respeito aos sistemas naturais de manutenção da vida.

Fotografia 61.
Uma drogaria, uma casa de ferramentas, uma casa de produtos fotográficos, um quiosque de alimentos. De onde vêm todos os materiais vendidos nestas casas de comércio? São produtos químicos diversos, metais, plásticos, que de alguma forma foram extraídos de lugares distantes e trazidos para este ambiente.

Fotografia 62.
Praça em Porto Velho, RO. Lâmpadas acesas em plena luz do dia.

Fotografia 63.
Porto Velho, RO, vê surgir arranha-céus em uma paisagem composta basicamente por casas. Repete-se o padrão de metrópoles. E também suas mazelas, caso não haja planejamento e gestão ambiental.

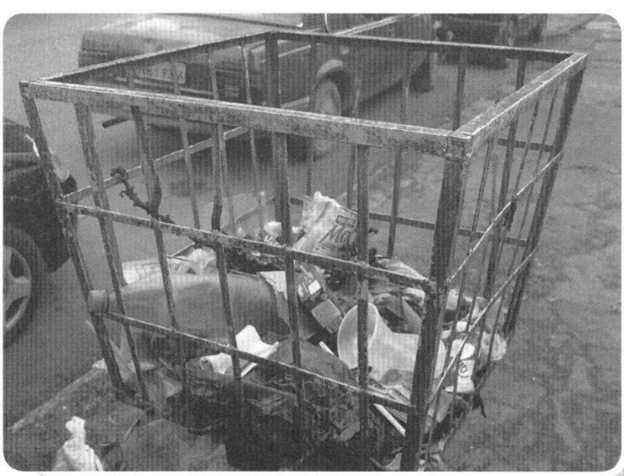

Fotografia 64.
Resíduos misturados. Por que essa garrafa plástica está ali? Por que não há coleta seletiva? Incompetência, ignorância, analfabetismo ambiental ou o quê? Plástico é petróleo. Papel é árvore. Matéria orgânica é adubo.

Fotografia 65.

As cidades são cheias de símbolos. Propagandas, endereços, sinalizações, cores, formas, sons e um infinito de funções/profissões (nichos). No contêiner com sobras de uma demolição, estão materiais que um dia foram rio e montanha: areia, cimento e pedras.

Fotografia 66.

Porto Velho, RO. Símbolos urbanos: pichação, ponto de ônibus, poste de transmissão de energia elétrica. A vegetação surge nas frestas do muro e da calçada. A exuberância da vida faz surgir nos lugares mais inesperados a sua expressão: Planeta Vida.

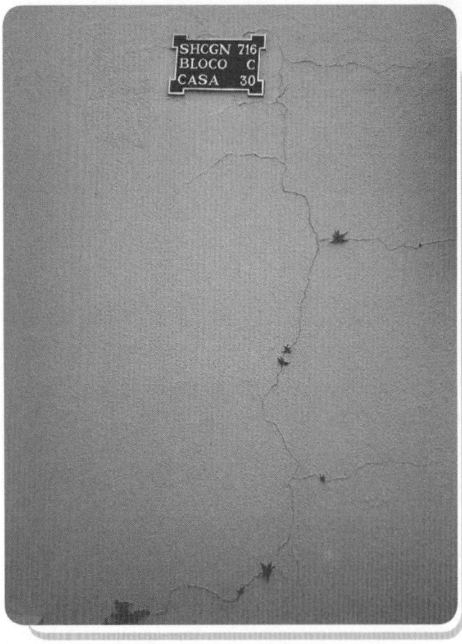

Fotografia 67.

Nestas paredes a vida vegetal se expressa nas rachaduras. A maior força da Terra é a vida.

Fotografia 68.
A coruja fez seu ninho em um cupinzeiro abandonado. À sua direita, um sinal de trânsito diz que não se pode parar nem estacionar. Acima, modelos representam uma "família". Ao fundo, um *shopping center*, em cuja parede a radiação atômica do sol projeta a sombra das estratégias de persuasão ao consumo.

Fotografia 69.
A bicicleta sem espaço destinado a ela, os carros são prioridade (não as pessoas). O posto de gasolina — assim como os bancos e as farmácias — reina soberano na paisagem urbana. Depois de retirado o caldo, as fibras da cana-de-açúcar são tratadas como lixo: matéria-prima desprezada.

Fotografias 70 e 71.
O sr. Galdino é o Dr. Raiz, conhecedor das plantas medicinais da Amazônia, pessoa muito conhecida e respeitada no Mercado Municipal de Porto Velho, RO. Nas plantas estão os códigos e arquivos da vida.

Fotografias 72 e 73.
As pichações também expressam insatisfações da comunidade. Muros e paredes acabam se constituindo em espaços furtivamente apropriados dentro do mundo urbano por protestos, insatisfações, demarcação de território e outros.

Fotografia 74.
Boa Vista, RR. Muito petróleo nestas pistas largas. Pouca arborização em um ambiente urbano muito quente. O ciclista com a bandeira do Brasil estava na cidade de passagem, em sua volta ao mundo.

Fotografia 75.
Hidrelétrica de Xingó (divisa entre Sergipe e Alagoas). Impactos no rio São Francisco e nas populações ribeirinhas para fornecer energia elétrica às cidades do Nordeste. Aparelhos de ar condicionado dos hotéis à beira-mar funcionam à custa de danos ambientais e sociais locais.

Fotografias 76 e 77.
Influência alemã em Joinville, SC. Na fisionomia urbana os traços da cultura dos fundadores. Calçadas largas, respeito ao pedestre e arborização.

FOTOGRAFIA 78.
CURITIBA, PR. PRÉDIOS DE ÉPOCAS DIFERENTES E FORMAS DISTINTAS. PRESSÕES AMBIENTAIS DIFERENTES EM SUA CONSTRUÇÃO E MANUTENÇÃO. CALÇADÃO LIVRE DE CARROS: AS PESSOAS SÃO A PRIORIDADE.

FOTOGRAFIAS 79 E 80.
CURITIBA, PR. QUANDO A CIDADE, EM SUA SAGA DE EXPANSÃO, POUPA A VIDA DE ÁREAS NATURAIS, ELA SE TORNA MAIS HARMÔNICA.

FOTOGRAFIA 81.
BELO HORIZONTE, MG. NO PASSADO, A INICIATIVA E A LUTA DE ALGUMAS PESSOAS EVITARAM QUE ESTE PARQUE FOSSE APENAS MAIS UMA ÁREA COBERTA POR PRÉDIOS. LAZER, CLIMA AMENO, PÁSSAROS, ÁGUA, SILÊNCIO, CALMA, CONFORTO E ESTÉTICA SÃO ALGUNS ELEMENTOS QUE ESTE AMBIENTE PROPORCIONA.

FOTOGRAFIA 82.
PARQUE MUNICIPAL, BELO HORIZONTE, MG.
CONTRASTES E BUSCA POR HARMONIZAÇÃO.

FOTOGRAFIA 83.
NA CAMINHADA PARA A INTERPRETAÇÃO DA TRILHA URBANA DEVE-SE ESTAR ATENTO AOS DETALHES.
O JOÃO-DE-BARRO JULGA ESTE AMBIENTE SEGURO, ENTÃO, FEZ ALI O SEU NINHO (INVESTIMENTO).

Fotografia 84.
Recife, PE. A difícil e sofrida relação dos rios em contato com as cidades. O rio doa água e beleza, mas recebe lixo, esgoto e indiferença.

Fotografia 85.
Piranhas, AL. Calor, árvores, sombras, recuperação de patrimônio histórico e preservação.

Fotografia 86.
Em uma cidade os seres humanos se distribuem em múltiplas tribos, conforme suas convicções religiosas, étnicas, políticas e esportivas, por exemplo. Em todo o mundo, o futebol abriga tribos crescentes. Nem sempre pacíficas.

Fotografia 87.
Os símbolos das tribos: diversão, paixões, associações, negócios, lucros, uniões e desuniões, poesia, sofrimento, alegria, música e identidades.

Fotografia 88.
Salvador, BA. Algumas pessoas vão gozar as benesses de uma bela vista, em detrimento da perda de qualidade ambiental de muitos (redução da ventilação, perda da visão panorâmica, agressão estética e desrespeito às leis ambientais locais).

Fotografia 89.
Boquim, SE. O trem representou um período culturalmente riquíssimo no Brasil. Em torno das ferrovias construímos histórias, progressos e memórias. Restam poucas estações de trem preservadas. Esta foi salva pelos esforços da comunidade e recuperada pelo Instituto do Patrimônio Histórico e Artístico Nacional (IPHAN).

Fotografia 90.

Testemunho das transformações. Caixa-d'água que abastecia locomotivas movidas a vapor e alimentadas por lenha (marias-fumaças). Tecnologia substituída por locomotivas GE e/ou GM, movidas a óleo dísel, hoje também desativadas nesta região.

Fotografia 91.

O ser humano cria e disponibiliza elementos para ler o ambiente urbano: termômetros, relógios e outros. Cria também mecanismos para alterar tudo isso, com ganhos e perdas: transporte, trânsito, gases de efeito estufa, mudança climática, pressa e serviços.

Fotografia 92.

O ser humano vira anteparo. O dentista repara as desadaptações das pessoas. A loja exibe infinidades de objetos que se amontoam nas casas. As árvores sobrevivem em pequenas brechas deixadas no cimento das calçadas. Os seres humanos ocupam espaços demasiados e limitam ou suprimem os espaços de outras espécies.

Fotografia 93.
Cada botijão de gás consumido libera 88 kg de gás carbônico na atmosfera. As pessoas dependem desse derivado de petróleo para cozer seus alimentos. Uma emissão quase ignorada e uma dependência instável e pouco percebida.

Fotografia 94.
Um anúncio curiosamente sintomático: ambiente urbano, pressa, estresse, ruído e surdez. O anúncio apresenta pessoas idosas. Atualmente, já há jovens com perda de audição por causa do excesso de ruído nas cidades. A surdez dá lucro.

Fotografia 95.
Contraste estético: construções em linhas retas, apressadas e simplificadas (abaixo) e a arquitetura mais rebuscada da igreja (acima).

Fotografias 96 e 97.
Obra de Aleijadinho, entrada de igreja, Congonhas, MG. O esmero das construções antigas: cuidado nos detalhes e na estética.

Fotografia 98.
Congonhas, MG. Tranquilidade, montanhas, vegetação, história, estética.

Fotografia 99.
Os doze profetas de Aleijadinho, Congonhas, MG. Em cada pedra trazida e colocada, em cada traço e volume, a mão humana, o esforço, a energia despendida, os planos, os retrocessos, os sofrimentos, as alegrias, as promessas, os sonhos, as histórias, as tramas, a política, o clima, as realizações, as perseguições, as compreensões e incompreensões, o tempo, as crenças; futuro, passado e presente impressos em imagens, paredes e sombras.

Fotografia 100.
Detalhe do acesso à Matriz, Congonhas, MG. Em cada pedra uma energia empregada, um ato, um gesto, um esforço, uma distância, uma força, um tempo.

Discussão

As cidades oferecem infinitas amostras das facetas do ser humano. Nesse ambiente profundamente modificado, impomos nossas marcas, desejos, estilos e necessidades. E também nossa imprudência, ganância, perícia e criatividade. É um ambiente antagônico de criação e destruição, de arte e desordem, de montagem e anarquia, de conforto e insegurança, de lazer e inquietação.

A interpretação ambiental de trilha urbana depende muito do local, do grupo e também da sensibilidade do intérprete para perceber e comunicar os elementos do metabolismo. Dificilmente uma interpretação ambiental se repete.

Deve-se ter em mente que o foco da interpretação deve ser mantido. Assim, é necessário:

1. Buscar demonstrar sempre que as cidades se sustentam graças aos serviços ecossistêmicos e à pressão ambiental sobre os recursos naturais.

2. Associar as fisionomias e expressões diversas às múltiplas dimensões humanas – social, econômica, ecológica, ética, estética, cultural, política, artística, religiosa, valorativa e outras.

As cidades são o ambiente mais complexo criado pelos seres humanos. Infelizmente, esses mesmos ambientes têm a capacidade de desconectar as pessoas de suas bases naturais.

Elas acham que a água brota das torneiras enfiadas nas paredes; que o lixo desaparece nos sacos plásticos; que o cocô some ao se apertar o botão da descarga do vaso sanitário; que o leite vem da padaria; que os supermercados estarão sempre cheios e nada faltará desde que se tenha dinheiro para comprar. Essa história de que vai faltar água para elas não tem sentido. Para as crianças, muito menos. A cidade passa a ilusão de independência.

Se ficarmos parados, observando atentamente uma rua, avenida ou praça, podemos perceber como a cidade suga recursos naturais para funcionar. Tais relações precisam ser repensadas e refeitas.

Tomamos banho – nada renova mais o corpo humano cansado e suado do que um bom banho – todos os dias com água potável. Bebemos também. Lavar as roupas, cozer alimentos, limpar, tudo é feito com água. Damos descargas em vasos sanitários com água potável!

Usamos fraldas descartáveis que poluirão o ambiente por quatrocentos anos, ou seja, quatrocentos anos divididos por 25 (uma geração): doze gerações! Prejudicamos doze gerações, para atender nosso ato de consumo de apenas algumas horas.

Se considerarmos o tamanho da população de nossa cidade e verificarmos o que ela consome e produz, pode-se ter uma ideia do dilema da insustentabilidade. Basta estimar a quantidade de fezes produzidas, o consumo de papel, combustíveis, madeira, água, energia elétrica, gás de cozinha e alimentos, por exemplo, para se ter uma ideia da imensa pressão que exercemos sobre os recursos naturais para mantermos tudo isso.

A interpretação ambiental urbana deve levar a uma *re-visão* de tudo o que fazemos, como fazemos, para que fazemos e como deveríamos fazer para tornar nosso mundo mais justo, agradável e sustentável. Isso é possível? Nem que seja na espuma da utopia desejável.

29. *Destralhando-se*

Destralhar significa ficar livre de tralhas, desfazer-se de objetos dispensáveis, dar-lhes destinação adequada, remover entulhos, limpar o ambiente de coisas inúteis.

Como a maioria dos seres humanos vive hoje em cidades, cheias de elementos de consumo, naturalmente surge a tendência de juntar coisas e ficar cercado de inutilidades.

Objetivos

Estimular a reflexão sobre os apegos materiais e suas consequências.

Promover o *destralhamento* e associar o hábito de juntar coisas às imposições do consumismo.

Examinar a frugalidade.

Procedimentos

Sugerem-se as etapas:

1. Comentar com @s participantes sobre a importância de ambientes limpos, com espaços disponíveis, livres de entulho.
2. Orientá-los a promover um *destralhamento* no ambiente escolar.
3. Orientá-los a promover um *destralhamento* em suas casas e relatar os resultados (em sala de aula).
4. Solicitar que façam uma listagem das coisas mais inúteis que foram encontradas durante o *destralhamento*.
5. Promover a apreciação do termo *frugal* (sóbrio, simples) e discutir sobre a tendência de estilo de vida frugal.

6. Promover leitura e reflexão sobre o texto do poeta Fernando Pessoa.

Sempre é preciso saber quando uma etapa chega ao final...

Se insistirmos em permanecer nela mais do que o tempo necessário, perdemos a alegria e o sentido das outras etapas que precisamos viver. Encerrando ciclos, fechando portas, terminando capítulos. Não importa o nome que damos, o que importa é deixar no passado os momentos da vida que já se acabaram.

Foi despedida do trabalho? Terminou uma relação? Deixou a casa dos pais? Partiu para viver em outro país? A amizade tão longamente cultivada desapareceu sem explicações?

Você pode passar muito tempo se perguntando por que isso aconteceu... Pode dizer para si mesmo que não dará mais um passo enquanto não entender as razões que levaram certas coisas, que eram tão importantes e sólidas em sua vida, serem subitamente transformadas em pó. Mas tal atitude será um desgaste imenso para todos: seus pais, seus amigos, seus filhos, seus irmãos, todos estarão encerrando capítulos, virando a folha, seguindo adiante, e todos sofrerão ao ver que você está parado.

Ninguém pode estar ao mesmo tempo no presente e no passado, nem mesmo quando tentamos entender as coisas que acontecem conosco.

O que passou não voltará: não podemos ser eternamente meninos, adolescentes tardios, filhos que se sentem culpados ou rancorosos com os pais, amantes que revivem noite e dia uma ligação com quem já foi embora e não tem a menor intenção de voltar.

As coisas passam, e o melhor que fazemos é deixar que elas realmente possam ir embora...

Por isso é tão importante (por mais doloroso que seja!) destruir recordações, mudar de casa, dar muitas coisas para orfanatos, vender ou doar os livros que tem.

Tudo neste mundo visível é uma manifestação do mundo invisível, do que está acontecendo em nosso coração... e o desfazer-se de certas lembranças significa também abrir espaço para que outras tomem o seu lugar.

Deixar ir embora. Soltar. Desprender-se.

Ninguém está jogando nesta vida com cartas marcadas, portanto às vezes ganhamos, e às vezes perdemos.

Não espere que devolvam algo, não espere que reconheçam seu esforço, que descubram seu gênio, que entendam seu amor. Pare de ligar sua televisão emocional e assistir sempre ao mesmo programa, que mostra como você sofreu com determinada perda: isso o estará apenas envenenando, e nada mais.

Não há nada mais perigoso que rompimentos amorosos que não são aceitos, promessas de emprego que não têm data marcada para começar, decisões que sempre são adiadas em nome do "momento ideal".

Antes de começar um capítulo novo, é preciso terminar o antigo: diga a si mesmo que o que passou jamais voltará!

Lembre-se de que houve uma época em que podia viver sem aquilo, sem aquela pessoa – nada é insubstituível, um hábito não é uma necessidade.

Pode parecer óbvio, pode mesmo ser difícil, mas é muito importante.

Encerrando ciclos. Não por causa do orgulho, por incapacidade, ou por soberba, mas porque simplesmente aquilo já não se encaixa mais na sua vida.

Feche a porta, mude o disco, limpe a casa, sacuda a poeira. Deixe de ser quem era, e se transforme em quem é.

Torna-te uma pessoa melhor e assegura-te de que sabes bem quem és tu próprio, antes de conheceres alguém e de esperares que ele veja quem tu és.

Fernando Pessoa

Discussão

Muitas pessoas têm o hábito de juntar coisas em casa. Sapatos velhos que nunca mais serão usados, cartas antigas que jamais serão relidas e, se forem, se descobrirá que não têm mais nada a ver, remédios vencidos na esperança que alguma doença apareça, embalagens que acharam bonitas e jamais serão reusadas, livros escolares antigos já desatualizados, convites de casamentos já desfeitos, revistas com reportagens que mostram como somos ignorantes da nossa própria transitoriedade, roupas velhas que esperam em gavetas escuras e malcheirosas aquele grupo de caridade que não vai passar em sua casa, eletrodomésticos quebrados esperando um conserto que nunca virá, e livros, muitos livros que as pessoas acham que um dia lerão e jamais o farão.

Entram na lista bicicletas velhas, recibos de contas pagas há mais de cinco anos, pneus carecas, violão quebrado, discos de vinil empilhados e empenados, brinquedos faltando peças, celulares substituídos e esquecidos em gavetas, barbeadores, e por aí vai.

Segundo o *Feng Shui* – técnica oriental de harmonização dos ambientes por meio de restabelecimento do fluxo e equilíbrio de suas energias –, o acúmulo de tralhas representa um perigo para a saúde física e mental de quem vive cercado por elas.

De acordo com essa técnica, em ambientes entulhados de tralhas é comum as pessoas se sentirem cansadas, desanimadas, confusas, deprimidas e fracassadas. As tralhas transmitem sensação de fracasso, estagnação, repetição, desorganização e apego ao passado. Tudo isso funciona como uma espécie de "toxina" da casa, retendo energia, pois, segundo se acredita, existem "fios invisíveis" que nos ligam àquilo que possuímos.

A natureza nos mostra que tudo funciona em fluxos e ciclos que se integram e se completam. Tudo está em movimento, na busca por formas mais equilibradas. Tudo se renova. Assim é o universo em sua contínua expansão.

Destralhar-se significa livrar-se desses apegos materiais. Outrossim, pode estimular a expulsão de tralhas interiores, aqueles entulhos do passado que só amarguram as pessoas e as impedem de vislumbrar as belezas de seu entorno e de sua vida atuais.

PARTE II
Instrumentação para Educação Ambiental

Introdução

A Educação Ambiental ainda é confundida com Ecologia. Concentra-se perigosamente em questões referentes à flora, à fauna, à poluição, ao lixo, à coleta seletiva e à reciclagem, correndo-se o risco de se perder o elemento essencial para a sensibilização: o encantamento, o fascínio pelos complexos, intrincados e sofisticados mecanismos de sustentação da vida na Terra.

Não há envolvimento sem sensibilização. Não há sensibilização sem emoções. Ninguém consegue sensibilizar as pessoas por meio do desfile de desgraças, do ecofascismo, da informação fria e catastrofista.

É óbvio que as mazelas não devem nem podem ser ignoradas. Porém, ao lado da identificação dos elementos que ameaçam a qualidade ambiental, devem ser enfatizados os elementos fascinantes do ambiente e da cultura humana.

Os projetos aqui sugeridos buscam atender tais pressupostos: objetividade e visão holística das realidades socioambientais, de seus cenários e desafios.

Há projetos com diferentes graus de dificuldades de execução. Alguns são extremamente simples e de realização rápida e fácil. Outros carecem de mais tempo e esforços conjuntos. Todos os projetos, porém, têm caráter multi e interdisciplinar e dão boas-vindas à criatividade e à inovação, pois não estão acabados. Como tudo o mais.

30. Ilha de Sucessão

Objetivos

Demonstrar os mecanismos de que a natureza dispõe para dispersar as espécies de plantas.

Identificar as interações entre diferentes fatores ambientais (ventos, insetos, aves e atividades humanas).

Propiciar oportunidade de acompanhar o funcionamento dos mecanismos da natureza.

Procedimentos

Em uma área gramada da escola, demarcar um círculo com 2,5 ou 5 m de raio, dependendo da área disponível, e retirar toda a grama ali existente, deixando o solo exposto. Se não houver área gramada disponível, preparar a circunferência em uma área qualquer. A área escolhida deve ter acesso e visualização fáceis.

Fotografia 101.
Ilha de Sucessão. Retirando o gramado para o solo, livre, receber as sementes trazidas pelos mecanismos da natureza.

Fotografia 102.
Ilha de Sucessão. Terra nua após retirada do gramado. Trinta dias depois, bem no centro, surge uma plântula, espontaneamente (UCB).

Em seguida, afofar a terra e colocar um pouco de adubo orgânico.

A ideia é deixar essa área assim durante vários anos (cinco, no mínimo) e permitir à natureza agir. Em algumas semanas começarão a aparecer as primeiras plântulas. Com o passar dos meses, as espécies chegarão e se instalarão espontaneamente.

Deve-se registrar a sucessão ecológica que ali se processará. Sugere-se que a área seja fotografada a cada trinta dias, para se acompanhar a transformação/evolução.

Fotografia 103.
Ilha de Sucessão. Dois anos depois (em pleno período de seca). Registram-se dezessete espécies de cerrado.

Fotografia 104.
Ilha de Sucessão. O local vira atração e passa a ser visitado por estudantes com frequência.

FOTOGRAFIA 105.
ILHA DE SUCESSÃO. APÓS CINCO ANOS, 31 ESPÉCIES DE PLANTAS NATIVAS DE CERRADO. BORBOLETAS, ABELHAS E BEIJA-FLORES COMPLETAM O QUADRO.

Discussão

É óbvio que se terá resultados diferentes, dependendo da região. Mas uma coisa é certa: ali se estabelecerão muitas espécies, tanto de plantas quanto de animais.

As plantas chamadas colonizadoras serão as primeiras a "aparecer". Elas são especializadas em preparar o terreno (reduzindo a temperatura do solo e melhorando a umidade) para a chegada de espécies arbustivas (arbustos) e, em seguida, arbóreas (árvores), estabelecendo os elos da sucessão ecológica.

Suas sementes serão trazidas nas fezes das aves, nas patas dos insetos, pela ação dos ventos e até nas roupas das pessoas. Em alguns meses, haverá arbustos, pequenas árvores e flores.

Então, aparecerão insetos e, em seguida, aves. Borboletas e beija-flores poderão visitar esse novo lugar. É importante notar a presença de insetos, aves, fungos e tantos outros pequenos seres.

Daí em diante, sem precisar adubar nem irrigar, os sistemas se estabelecerão. Esses seres estão adaptados há milênios às condições ambientais regionais.

Esta atividade pode demonstrar os mecanismos sofisticados de dispersão da vida em nosso planeta e mostra uma rede de sequências de interdependências, conectividades e cooperações, que permitem o estabelecimento dos sistemas que organizam e mantêm a vida na Terra.

Felizmente, em nosso planeta, tais processos de manutenção da vida são mais fortes do que os mecanismos de destruição impostos pelos seres humanos.

31. Sementeca

Objetivos

Relacionar as sementes com as suas respectivas árvores.
Promover o conhecimento da flora local.

Procedimentos

Cortar um pedaço de tronco de eucalipto ou qualquer outra madeira de manejo disponível, nas seguintes dimensões:

– Comprimento do tronco: 1,20 m.

– Diâmetro do tronco: 30 cm.

Dividi-lo ao meio, tomar uma das metades e escavar em sua superfície cinco buracos para abrigar as sementes. Esses buracos devem ter formas irregulares. As dimensões sugeridas para eles são (podem variar livremente):

– Profundidade: entre de 3 e 4 cm.

– Tamanho: 15 x 20 cm ou 20 x 15 cm.

Esse tronco deve ser sustentado por "pernas" de madeira sem acabamento (75 cm de altura com uma travessa de sustentação de 35 cm). A aparência deve ser rústica.

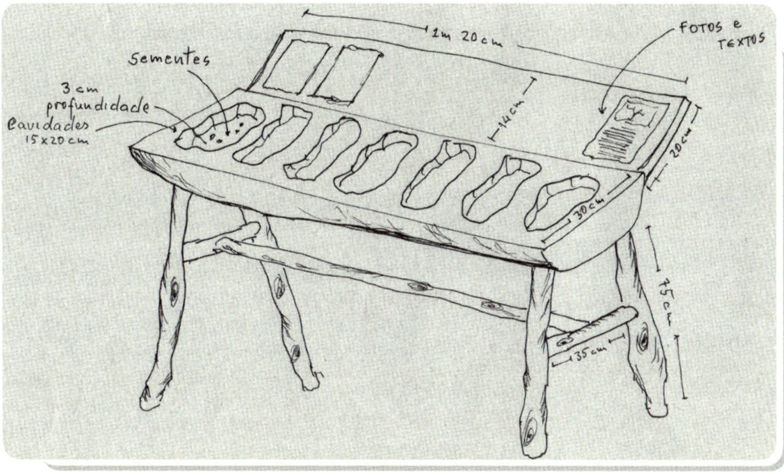

Figura 11.
Sementeca.

Discussão

Esta discussão se inicia pela utilização do tronco de eucalipto. Por que um pedaço de árvore? E por que justamente o eucalipto?

É importante esclarecer que não há problemas em utilizar madeiras, desde que sejam retiradas de áreas onde se faz manejo florestal, ou seja, se foram plantadas para suprir as demandas de madeira, com licenciamento e todos os cuidados ambientais.

Não há nada de errado em consumir madeira. O erro está na forma predatória de extraí-la, no contrabando, na invasão de terras indígenas, na destruição de dezenas de árvores para retirar apenas uma, no desmatamento predatório, nas queimadas para facilitar a retirada ou na exploração de espécies protegidas por lei.

É melhor usar eucalipto proveniente de áreas manejadas do que madeiras retiradas de matas nativas de forma clandestina e predatória. É mais suportável a frieza das florestas de monoculturas, sem a beleza da fauna e o fascínio de seus rastros, sons e cantos, do que o desaparecimento crescente de florestas nativas e toda sua riqueza de biodiversidade, solo, cultura e clima.

A sementeca deve também propiciar apreciação das espécies. Deve-se fomentar a reflexão a respeito do significado de uma semente: repositório genético da vida; mistério da organização, multiplicação, estratégia e engenharia de sobrevivência.

Deve-se contemplar o grande mistério de uma minúscula cápsula conter todas as informações *codificadas* para o surgimento de um novo ser, suas especificações de altura, diâmetro, tipo e distribuição de folhas, frutos, galhos, estruturas de proteção e tudo o mais que significa uma árvore ou arbusto.

32. Cocoteca

Objetivo

Reunir informações multidimensionais de um mesmo elemento natural (fauna) em um mesmo espaço.

Promover o conhecimento da fauna local.

Procedimentos

Construir uma prancheta de madeira compensada com reforços ou qualquer outro material, com dimensões 1,5 x 1 m. Essa prancheta deve ser inclinada, para facilitar sua visualização. Para tanto, suas pernas dianteiras devem ter 60 cm e as traseiras, 95 cm (ver fotografias 106 e 107).

Sobre a prancheta, dispor, em sequência, de cima para baixo, uma fotografia de um animal, sua descrição, o molde em gesso de sua pegada e uma amostra de seu cocô. Recomenda-se selecionar exemplares da fauna local.

Os moldes das pegadas e as amostras de fezes dos animais podem ser obtidos nas administrações de parques nacionais, zoológicos ou unidades afins.

Fotografia 106.
Cocoteca. Visão geral. Centro de visitantes do Parque Nacional de Brasília. (Observação: Todos os equipamentos do centro de visitantes do Parque Nacional de Brasília aqui mostrados foram criados, adaptados e implementados pelo autor, entre 1999 e 2005, quando foi coordenador do Programa de Educação Ambiental daquela unidade de conservação.)

Fotografia 107.
Cocoteca. Observar que faltam o molde da pegada do lobo guará, no primeiro plano, e o cocô do tamanduá, no último. Eles foram levados por visitantes: é bom saber que isso existe!

Fotografia 108.
Cocoteca. De cima para baixo, texto descritivo do animal (anta), sua foto, molde de sua pegada e amostra de suas fezes envoltas em plástico.

Discussão

Os animais são nossos parceiros em nossa viagem pelo universo. Compartilhamos a mesma atmosfera, a mesma água, o mesmo solo. Somos sustentados pelos mesmos processos bioquímicos, construídos pelos mesmos tijolos atômicos e blocos de caracterização genética. Morremos pelo mesmo ainda misterioso processo de interrupção dos fluxos vitais. Estamos sujeitos aos mesmos desafios diários: alimentação, segurança, companhia, abrigo. Compartilhamos as tramas da escalada evolucionária.

A cada espécie que se vai, a Terra se empobrece e o ser humano fica mais só.

33. Labirinto

Objetivos

Sensibilizar as pessoas a respeito dos direitos dos animais.
Questionar os hábitos cruéis e primitivos de aprisionamento de animais.

Procedimentos

Os órgãos ambientais (federais, estaduais e/ou municipais) com frequência fazem apreensões de gaiolas com aves silvestres levadas por traficantes para comercializá-las em feiras livres, beiras de estradas e outros. Essas gaiolas em geral são incineradas. Pois bem. Elas agora servirão de matéria-prima para nosso equipamento de sensibilização: o labirinto. Para tanto será necessário fazer uma solicitação formal por meio de um encaminhamento de um ofício expondo os objetivos do projeto a um órgão ambiental.

Adquiridas as gaiolas, elas precisam ser lavadas e higienizadas cuidadosamente. Deve-se iniciar com, no mínimo, trezentas gaiolas.

Providenciar alicates e dois rolos de arame fino, bem maleável. Também serão necessárias de dez a quinze estacas, dependendo do número de gaiolas e do tamanho do labirinto. Escolher uma área a céu aberto onde se possa montar e operar o labirinto.

Cavar os buracos e colocar as estacas em forma de espiral. Em seguida, fixar as gaiolas conforme as fotografias 109 a 111. Cada gaiola deve ser firmemente ligada em outras e algumas delas, às estacas. Colocar uma tela (metálica ou plástica) cobrindo e unindo todo o conjunto.

Fotografia 109.
Labirinto. Visão geral frontal. Adaptado da ideia original do artista plástico baiano Washington Santana. Ao fundo, Centro de Visitantes do Parque Nacional de Brasília.

Fotografia 110.
Labirinto. Observar a colocação das estacas sustentando as gaiolas e a rede de cobertura. Na entrada, placa orienta para entrada individual.

Fotografia 111.
Labirinto. Parte interna: corredor em forma de espiral. Observar a tela colocada acima para dar firmeza ao conjunto. As gaiolas são firmemente atadas entre si, com arame, para desencorajar a tentativa de retirada de gaiolas.

As gaiolas formarão um corredor em forma de espiral. Ao final dessa espiral-labirinto deverá ser afixada uma caixa com um espelho e barras à frente do espelho (ver fotografias 112 e 113), de modo que, ao se mirar nesse espelho, a pessoa se veja, "enjaulada", presa.

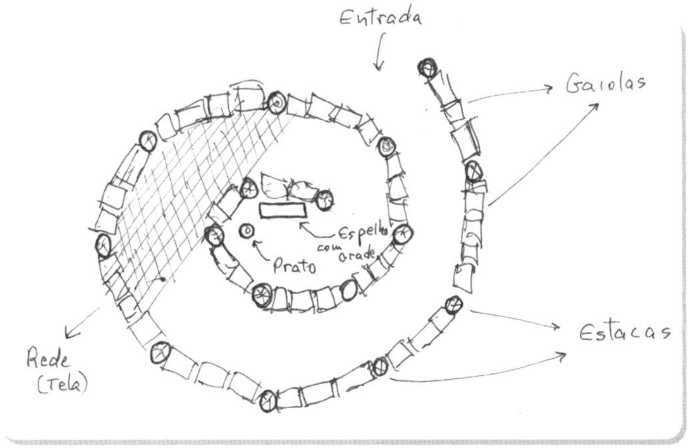

FIGURA 12.
LABIRINTO.

FOTOGRAFIA 112.
LABIRINTO. CAIXA COM BARRAS EM FRENTE AO ESPELHO. QUEM SE MIRA NESSE ESPELHO VÊ SUA IMAGEM COMO SE ESTIVESSE PRESO. NO PROJETO PROPOSTO POR WASHINGTON SANTANA, EM VEZ DESSE CONJUNTO, HAVIA UMA ESTÁTUA DE UM SER HUMANO NA POSIÇÃO DO PENSADOR.

FOTOGRAFIA 113.
LABIRINTO. IMAGEM DO VISITANTE REFLETIDA NO ESPELHO-PRISÃO.

Fotografia 114.
Labirinto. Prato metálico afixado em um tronco, ao lado do espelho-prisão.

Ao lado dessa caixa com espelho colocar, em cima de uma pequena mesa, um prato e um copo metálicos, afixando-os com vários parafusos à mesa para evitar que sejam retirados pelos visitantes. No prato, um pão. No copo, água.

À entrada da espiral, deve haver o aviso: "*Labirinto. Equipamento de sensopercepção. Entrar uma pessoa por vez, em silêncio.*".

Procedimentos de visitação

Os grupos de visitantes devem ser pequenos e uma fila deve ser organizada para a entrada individual na espiral. Depois da entrada da primeira pessoa, aguardar pelo menos um minuto para a entrada da segunda. Pede-se que as pessoas que saírem não façam comentários sobre o que viram, aguardando para expô-los ao grupo depois que todos experimentarem o equipamento. Organiza-se uma pequena discussão pedindo que as pessoas relatem livremente suas percepções.

Discussão

Um ser humano posto atrás das grades em geral cometeu algum crime. Que crime comete uma ave para ser colocada em uma prisão, isto é, em uma gaiola? Para ser privada de sua liberdade de voar?

Quem garante que a ave gosta de alpiste? Muitas aves não toleram esse alimento, conforme demonstram muitos estudos. Elas o comem porque não encontram outro jeito para não morrer de fome. Imagine, dia após dia, alimentar-se da mesma coisa, a vida inteira, até se intoxicar, adoecer e morrer.

Em condições de cativeiro, quando uma ave "canta" não está de fato "cantando". Muitas aves expressam seu desespero (estresse) por meio do canto. Não há alegria naquele trinado, apenas agonia e lamentos.

É inaceitável a crueldade praticada contra esses dóceis e encantadores seres da natureza que, além de ter importantes funções nas dinâmicas ecossistêmicas, são elementos fundamentais da estética da vida na Terra.

Não há hábito cultural que justifique o massacre de milhares de filhotes que morrem de calor, de fome ou esmagados, em gaiolas fétidas, apertadas e mal ventiladas, em poder de traficantes de animais. Não há falta de emprego e/ou renda que justifique as pessoas cometerem tamanha crueldade com seres tão indefesos, pequenos e frágeis, mas, ao mesmo tempo, tão importantes para o equilíbrio da vida, em qualquer ambiente.

O aprisionamento de aves em gaiolas é o atestado mais claro do egoísmo do ser humano e denota sua baixa evolução espiritual.

Este experimento permite que a pessoa, à medida que entra na espiral formada por gaiolas apreendidas, perceba que está perdendo a liberdade, sendo cercada, comprimida. Ao se deparar com sua imagem como prisioneiro e perceber a alimentação disponível (pão e água), as pessoas são tomadas por sensações únicas e muitas delas indescritíveis, notadas nos depoimentos.

As possibilidades de interpretação deste experimento são inúmeras e as respostas perceptivas, imprevisíveis. Porém, sua maior virtude é propiciar às pessoas uma espécie de despertar.

Quando começarmos a sentir a agonia desesperada dos animais, despertaremos para o sofrimento da Terra e para o que precisamos mudar.

Ao analisar nossa crueldade, não apenas com as aves, mas com os bois, com os frangos e com nossos semelhantes – quando são jogados na miséria pela corrupção ou engolidos pela exclusão social e atirados em trens lotados e/ou prisões, por exemplo – instigamos nossa percepção acerca dos nossos valores e da necessidade de evolução em nossas relações com os outros seres vivos, companheiros da aventura terrestre.

É um experimento que pode estimular nossas percepções, concepções, conceitos, visões, princípios, valores, opiniões, atitudes e decisões.

Dá um pouco de trabalho, mas vale a pena.

34. Caixa do mamífero predador

Objetivo

Promover a reflexão sobre a condição do mamífero humano.

Procedimentos

Construir uma caixa de madeira (ou qualquer outro material). As dimensões sugeridas são 12 x 30 x 30 cm (altura x largura x profundidade). Fazer uma tampa e afixá-la com dobradiça.

Prender a caixa por meio de dois parafusos a um pedaço de tronco de madeira (ou outro material) com 40 cm de altura. Em seguida, colocar em seu fundo um espelho de 25 x 25 cm, fixando-o com bastante cola para vidro.

Pintar a caixa de preto (ou da cor de sua preferência) e colocar na tampa uma etiqueta, com letras grandes: "Levante a tampa e observe o animal que ameaça a civilização humana na Terra.".

A caixa deve ficar exposta em lugares de visitação.

FOTOGRAFIA 115.
CAIXA DO MAMÍFERO PREDADOR.
O TEXTO É APENAS SUGESTÃO.

Fotografia 116.
Caixa do mamífero predador. Visão lateral.

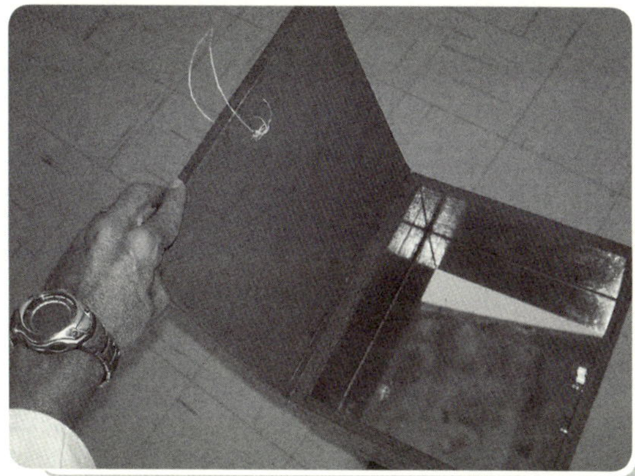

Fotografia 117.
Caixa do mamífero predador aberta. Observar o espelho colocado no fundo da caixa, ocupando toda a área.

Procedimentos de visitação

Os visitantes devem ser estimulad@s/convidad@s a ler a informação sobre a tampa da caixa. Deve ser enfatizado que o animal dentro da caixa *está vivo*!

Em seguida, pede-se para levantar a tampa e observar o interior da caixa. Nesse momento, a pessoa verá sua própria imagem refletida no espelho no fundo da caixa!

Fotografia 118.
Caixa do mamífero predador. A abertura da caixa deve ser feita com a pessoa exatamente em frente àquela (colaboração de Dagma Andrade, analista ambiental do Núcleo de Educação Ambiental do Parque Nacional de Brasília).

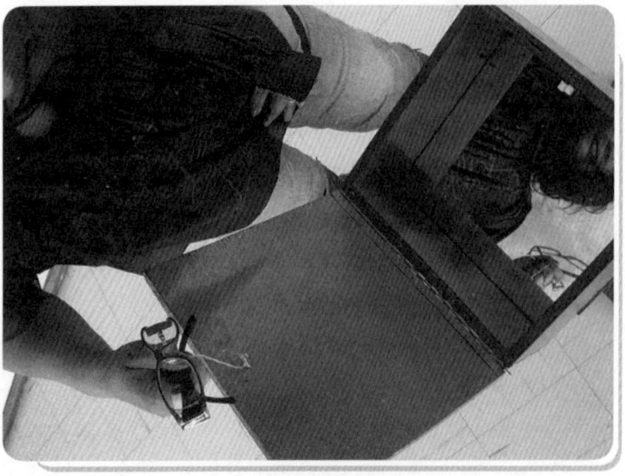

Fotografia 119.
Caixa do mamífero predador. Pessoa se vendo refletida (colaboração de Dagma Andrade, analista ambiental do Núcleo de Educação Ambiental do Parque Nacional de Brasília).

Discussão

Nós somos a espécie que está ameaçando a nossa própria civilização. Nosso estilo de vida é sustentado por destruição das florestas, queimadas, envenenamento dos solos, poluição do ar e da água e matança massiva dos animais que dividem conosco a aventura de viver na Terra. Com isso, tornamos o clima caótico e envenenamos nossos alimentos, o ar que respiramos e a água que bebemos. Vivemos, na verdade, uma inquietante crise de percepção.

Precisamos desenvolver a consciência de que somos nós, seres humanos, os responsáveis pelos danos causados, e que podemos ser também a solução para eles.

35. Antropolixo

Objetivos

Demonstrar um dos resultados de nossos padrões de consumo: a produção exagerada de resíduos sólidos.

Promover reflexões sobre a insustentabilidade desses hábitos e a necessidade de mudanças.

Procedimentos

Construir uma espécie de "esqueleto" humano simplificado, com base naqueles desenhos infantis que representam a figura humana por alguns poucos traços – pernas, braços, tronco e a cabeça.

O ideal seria que a construção fosse feita por um serralheiro, aproveitando sucatas e sobras de materiais metálicos como canos, peças de carro, materiais de construção e outros.

O "esqueleto" deve ter pelo menos 1,70 m de altura. Em seu "corpo", deve-se soldar dezenas de grampos para facilitar a afixação de materiais por meio de arames finos e flexíveis. Os pés devem ser bem grandes, para manter o equilíbrio depois de receber muitos penduricalhos.

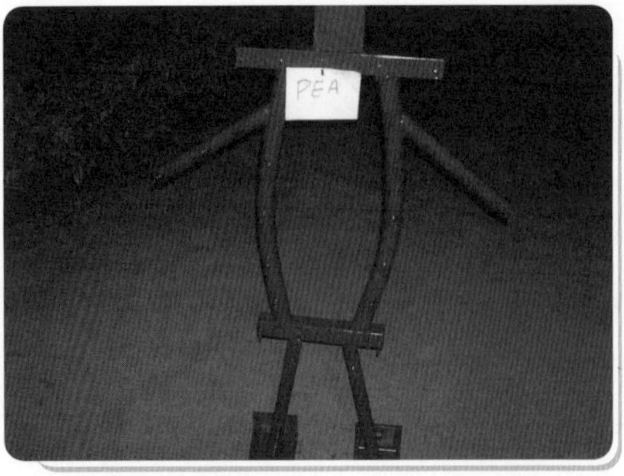

Fotografia 120.
Antropolixo. O esqueleto construído com sucata de metal.

Com o "esqueleto de metal" pronto, solicitar que @s alun@s tragam de casa vários resíduos sólidos (lixo), como pilhas, embalagens diversas, plásticos, garrafas, caixas, sapatos, tênis, sandálias, celulares, bonés, *videogames*, sucatas de computadores, latas, enfim, aquelas coisas todas que são compradas e logo se tornam resíduos. Não se deve trazer resíduos orgânicos (sobras de alimentos e cascas de frutas).

Solicitar que meninas e meninos tragam seus resíduos mais característicos.

Após reunir todo esse material, marcar um dia para a "montagem" do Antropolixo. Tudo deve ser atado firmemente ao esqueleto por meio de pedaços de arames. Os inúmeros ganchos podem facilitar a colocação.

Os materiais das meninas devem ser colocados em um dos lados do boneco; do outro, ficam os dos meninos. Dessa forma, o Antropolixo terá uma face feminina e outra masculina, expressando os resultados de consumo de mulheres e homens.

Todos os materiais devem ficar bem amarrados, para desencorajar a retirada de objetos por curiosos.

Fotografia 121.
Antropolixo. Após montagem, em exposição.

Quando estiver pronto, elaborar um cartaz com o título *Antropolixo*. Sugere-se a pergunta: "Precisamos mesmo disso tudo?".

O boneco deve ser exposto em um lugar de destaque, por onde passem muitas pessoas.

Complemento

Pode-se solicitar que, ao visitar um *shopping center*, @s alun@s observem a porcentagem de produtos ofertados para homens e mulheres. Quem compra mais? Por quê?

Discussão

As reações das pessoas ao se depararem com o Antropolixo são tão diversas quanto os materiais que foram ali colocados! Vão da indignação à indiferença, da compreensão à desconfiança. Porém, uma coisa é certa: de alguma forma todas elas se sensibilizam.

Ao se deparar com uma imagem semelhante à do ser humano, mas formada por lixo, e diante da provocação do texto ("Precisamos mesmo disso tudo?") é criado o contexto apropriado para se questionar nossos padrões de produção e consumo.

Por que tantas embalagens? Para que tantos produtos? Posso viver sem alguns daqueles, ou seja, o que é supérfluo? Posso ter uma vida mais simples (lembre-se do "frugal"), sem tantas coisas e, ainda assim, manter minha qualidade de vida?

Como atividade complementar, sugere-se construir depois o *Antropolixinho*. Ou seja, um "esqueleto" semelhante coberto por resíduos gerados pelas crianças.

Fotografia 122.
Antropolixinho. Montagem com resíduos do consumo infantil (autor e alun@s do Laboratório Pedagógico de Educação Ambiental, Curso de Pedagogia, UCB).

A próxima atividade complementa esta.

a. Visitando uma das catedrais do consumo

Objetivo

Identificar produtos supérfluos e refletir sobre o consumismo.

Procedimentos

Em pequenos grupos, visitar um supermercado. Percorrer discretamente seus corredores e observar com minúcia os produtos dispostos nas prateleiras.

Identificar e listar produtos que julgue absolutamente dispensáveis, aqueles sem os quais você poderia viver muito bem.

Durante o percurso, deve-se apenas observar os produtos, evitando tocá-los, e anotar com discrição em um pequeno pedaço de papel. Recomenda-se não usar pranchetas, blocos de anotações ou cadernos de forma ostensiva, pois isso pode desagradar a equipe de segurança do supermercado, que pode confundir os pesquisadores com "espiões" da concorrência e coisas assim.

Discussão

A maior parte dos seres humanos elegeu o valor econômico como o maior de todos e a capacidade de consumo como a medida exata do "sucesso" ou do valor pessoal.

As pessoas se escravizam ao trabalho para comprar bugigangas, pagar carnês e se tornar um consumidor "bem-sucedido"; envelhecer, adoecer e morrer.

Corremos o risco de já termos sido transformados em meras unidades de competição e consumo. O desejo de consumo (por ser um desejo) jamais será satisfeito. É como beber água do mar: aumenta ainda mais a sede.

O vício do consumo está levando à perda da qualidade de vida induzida pela degradação ambiental generalizada. Por trás de cada produto consumido, há poluição, consumo exagerado de energia e água, desmatamento, emissão de gases de efeito estufa, destruição de hábitat e extermínio de animais silvestres.

É óbvio que o ser humano, como parte dessa teia, também é prejudicado. Ele perde a saúde pelos próprios venenos espalhados no ar, no solo, na água e nos alimentos.

Então, qual seria a solução? Parar de consumir? Não seria possível. Mas podemos nos tornar consumidores conscientes e reduzir nosso impacto sobre os sistemas ambientais, adquirindo produtos realmente necessários e exigindo dos produtores o compromisso com a proteção ambiental.

Ao dar preferência a produtos orgânicos, certificados ou que evidenciem responsabilidade socioambiental do produtor, estimulamos as empresas que denotam preocupação com o ambiente e, ao mesmo tempo, punimos os produtores que ainda obtêm lucros graças à degradação ambiental.

b. Examinando a ideologia das propagandas

Objetivo

Analisar a ideologia contida nos anúncios relativa ao estímulo ao consumismo exacerbado.

Procedimentos

Reunir algumas revistas de gêneros diferentes (fofocas, moda, culinária, rural, informática, notícias, esportes, carros, decoração, viagens, ambiente, pesca e outros). Distribuí-las para grupos e pedir que examinem as propagandas, selecionando algumas.

Promover uma discussão sobre os anúncios escolhidos, focalizando:

– a utilidade do produto.

– os impactos ambientais gerados por sua produção (gastos com água, energia elétrica e combustível, matéria-prima e poluições geradas), utilização e descarte final.

Discussão

A propaganda é a principal arma de estímulo ao consumo. A mídia é capaz de fazer uma pessoa desejar ardentemente um produto sem o qual ela vivia muito bem até aquele momento. À propaganda segue-se a angústia para comprar o produto, pois ela diz que o que você tem não serve mais. Então, a pessoa trabalha mais, sacrifica o orçamento, a saúde, o tempo de convívio com a família e os amigos, mas compra o novo! Afinal, tem de mostrar para os outros que pode ter aquilo.

A maioria dos anúncios é criada para que sintamos inveja uns dos outros, ou para nos tornar infelizes com o que temos. Neles sempre aparecem pessoas belíssimas, em geral muito magras (mulheres) ou atléticas (homens), com físicos que não representam as pessoas comuns. Mostram produtos que parecem ser fabricados a partir do nada! Não há referência à matéria-prima, aos gastos com água e energia e aos impactos causados ao ambiente, nem orientações de uso, cuidados no descarte final e outras responsabilidades. Apenas vendem-se. Não há preocupação com as consequências da produção, do uso e do descarte final. O produto é sempre isento dessas implicações.

Um exemplo da irresponsabilidade social é a venda de motos no Brasil. Além de poluírem muito mais que os carros (pois ainda não têm catalisadores no escapamento), as motos também têm mutilado e matado pessoas em acidentes, em um autêntico massacre com prejuízos sociais e econômicos incalculáveis. Apesar disso, nenhum fabricante de motos demonstra preocupação em seus anúncios, em que não são acentuados os riscos e os cuidados necessários, mas apenas a imagem de liberdade, autonomia e alegria.

c. Água virtual: quanto de água para produzir algo?

Objetivos

Promover a percepção da cadeia de recursos naturais necessários para produção de bens.

Conhecer o conceito de *água virtual.*

Procedimentos

Apresentar as tabelas 3 e 4 (em cartazes, na lousa ou de qualquer outra forma). Observar bem os valores apresentados e, em seguida, promover uma discussão sobre o volume de água necessário para se obter determinado produto.

Tabela 3. Quantidade de água necessária para produzir 1 kg de alimento

Produto	Água requerida (l/kg)
Soja	2.000
Arroz	1.600
Milho	650
Frango	3.500
Bife bovino	43.000

FONTE: PIMENTEL (2004).

Tabela 4. Quantidade de água embutida em produtos

Produto	Conteúdo de água virtual (l)
1 batata (100 g)	25
1 folha de papel A4 (80 g/m^3)	10
1 tomate (70 g)	13
1 microchip (2 g)	32
1 fatia de pão (30 g)	40
1 copo de cerveja (250 ml)	75
1 taça de vinho (125 ml)	120
1 copo de leite (200 ml)	200
1 camiseta de algodão (250 g)	2.300
1 hambúrguer (150 g)	2.400
1 par de sapatos de couro	8.000

FONTE: CHAPAGAIN E HOEKSTRA (2004).

Sugere-se a seguinte atividade:

1. Criar uma dieta diária para uma pessoa com os produtos das tabelas.
2. Estimar quanto de água seria necessário para produzir os itens da dieta.
3. Calcular quanto de água seria necessário para atender à população mundial, de acordo com essa dieta (população mundial: 6,7 bilhões de pessoas, ou seja, 6.700.000.000).

Discussão

O que é *água virtual*? É a quantidade de água utilizada desde o início da produção até se ter o produto final, ou seja, é a quantidade de água necessária para produzir algo, desde o início até o final do processo de produção.

Esse conceito é muito útil para entendermos:

1. Como a população humana explora, de forma excessiva, a água no planeta — e que não será possível manter esses gastos por muito tempo.

2. Como os países em desenvolvimento, como o Brasil, são explorados ao exportar produtos para os países ricos — pois, além do produto em si, exportam (de graça) milhares de litros de água gastos em sua produção. Além disso, restam a eles as florestas devastadas, os solos empobrecidos, os rios poluídos de agrotóxicos e fertilizantes, o agricultor mal pago e o trabalhador rural excluído.

Carmo (2007) mostra, em sua pesquisa, como o Brasil é um grande exportador de água virtual ao vender carne, soja, milho e outros grãos para o exterior.

Quem imaginaria que para produzir um bife fossem gastos 43 mil litros de água? É óbvio que precisamos mudar não só a forma de produção, mas os hábitos de consumo e as decisões.

Há uma necessidade imediata de se reestruturar o cardápio, de modo que ele se torne mais sustentável, privilegiando produtos que gastem menos água em sua produção.

De qualquer forma, o excessivo consumo de água para produzir alimentos ou outros bens é uma prova da insustentabilidade do modelo de desenvolvimento em que vivemos.

36. Quebra-cabeça da cidade com planejamento e gestão ambiental

Objetivos

Experimentar a prática de planejar uma cidade segundo recomendações socioambientais.

Promover a percepção do grau de ordem ou desordem e da falta de planejamento urbano-ambiental da cidade onde se vive.

Procedimentos

Reunir pequenos pedaços de madeira de tamanho aproximado de uma peça de dominó (sobras de carpintaria) ou pedaços de cerâmicas quebradas (sobras de materiais de construção), caixas de remédios, pedaços de metais, diversas embalagens de papelão, plásticos, isopor e outros. O importante é a superfície plana, não a forma.

Colar um pedaço de cartolina na superfície superior dessas peças formando um conjunto de várias peças de formatos, tamanhos e materiais bem diversos. Em seguida, com um pincel, escrever nas peças os elementos que existem em uma cidade. Essa relação pode ser feita à vontade; alguns exemplos:

– Aeroporto.
– Área de abastecimento.
– Área de captação de água/ barragem para abastecimento.
– Área de combustíveis.
– Área comercial.
– Área de lazer.

– Área militar.
– Área residencial.
– Área rural.
– Aterro sanitário.
– Área de compostagem.
– Cemitério.
– Central de energia solar.
– Central de energia eólica.
– Estação de tratamento de água.
– Estação de tratamento de esgotos.
– Florestas nativas.
– Indústrias.
– Lago.
– Parques vivenciais.
– Rio.
– Usinas de reciclagem.

Pretende-se "montar" uma cidade, distribuindo as peças em uma superfície (que pode, inclusive, ter inclinações diversas). Tem-se aí a montagem de um quebra-cabeça. O que se busca é compatibilizar, de forma harmônica e ambientalmente adequada, as diferentes atividades encontradas em uma cidade.

Deve-se iniciar com a colocação de uma peça longa representando o rio. Em seguida, dispor as outras peças da forma mais adequada possível. Não se pode, por exemplo, colocar um cemitério próximo da área de captação de água, ou um aeroporto ou área industrial próximo de áreas residenciais. Não seria adequada uma estação de tratamento de esgotos próxima de centros comerciais e/ou residências.

E assim se segue até se encontrar uma distribuição razoável que permita o desenvolvimento das atividades e, ao mesmo tempo, preserve a qualidade ambiental e a qualidade de vida.

Discussão

Esta atividade é de uma riqueza de debates praticamente infindável. Ela permite demonstrar o quanto nossas cidades são caóticas, sem planejamento (salvo raras exceções).

Por outro lado, ela também permite perceber as dificuldades para resolver conflitos, compatibilizar interesses e encontrar soluções práticas. Visualiza a complexidade da sociedade humana por meio de seus inúmeros mecanismos de criação cultural e que resulta, em muitos casos, em impasses cuja solução requer mudanças profundas na forma de viver e se relacionar com os recursos naturais.

37. Representação do modelo de desenvolvimento sustentável

Objetivos

Construir o diagrama de representação de desenvolvimento sustentável e apreciar as definições desse conceito.

Estimular a discussão em torno das possibilidades desse modelo.

Procedimentos

Utilizar três pedaços de mangueiras de cores diferentes (a combinação azul, vermelho e amarelo facilita a visualização). Sugere-se comprimento de 1,5 m.

Cada pedaço deve ser dobrado de modo a formar um círculo. Os três círculos devem ser colocados uns sobre os outros, conforme as fotografias 123 a 130.

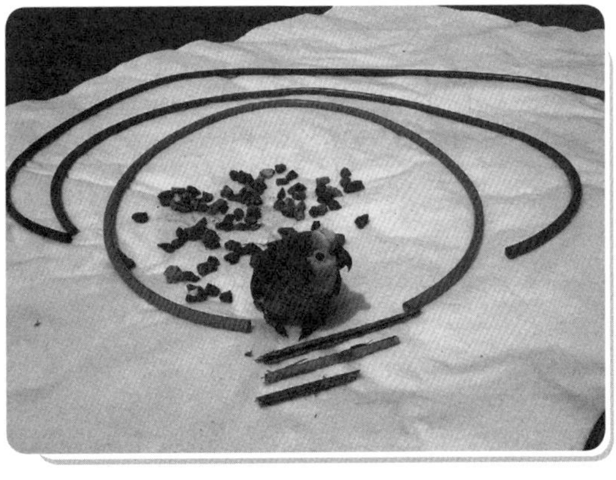

Fotografia 123.
Representação do modelo de desenvolvimento sustentável. Os três pedaços de mangueira, algumas pedras (brita), três gravetos (e um louro que insistiu em aparecer nas fotografias, ninguém conseguiu retirar ele dali).

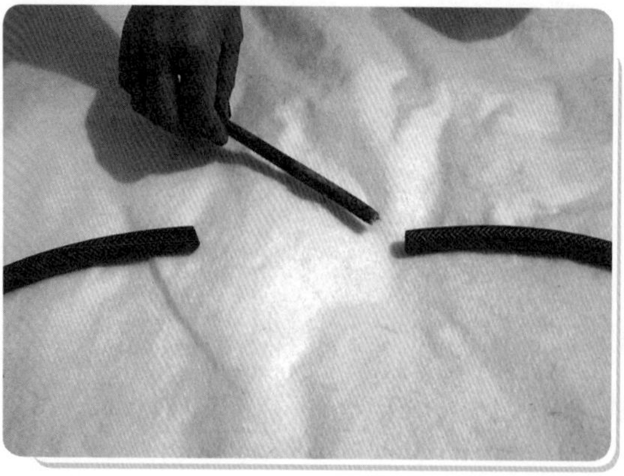

FOTOGRAFIA 124.
REPRESENTAÇÃO DO MODELO DE DESENVOLVIMENTO SUSTENTÁVEL. OS GRAVETOS SERVIRÃO PARA UNIR AS MANGUEIRAS.

FOTOGRAFIA 125.
REPRESENTAÇÃO DO MODELO DE DESENVOLVIMENTO SUSTENTÁVEL. INTRODUZINDO O GRAVETO NA MANGUEIRA.

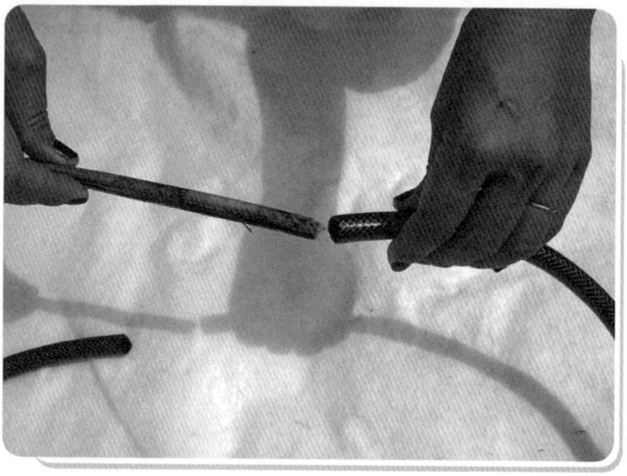

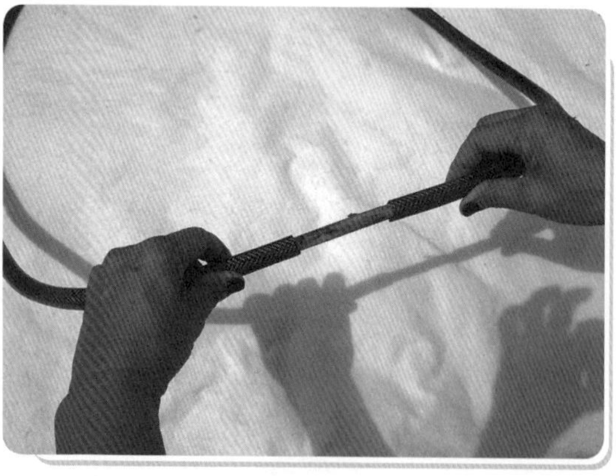

FOTOGRAFIA 126.
REPRESENTAÇÃO DO MODELO DE DESENVOLVIMENTO SUSTENTÁVEL. O GRAVETO UNINDO AS EXTREMIDADES DA MANGUEIRA.

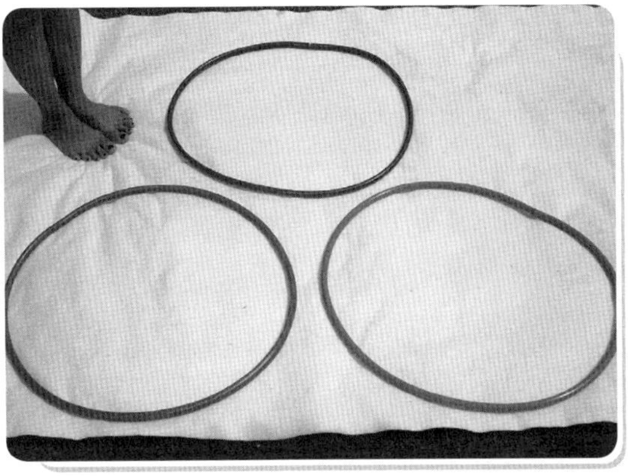

Fotografia 127.
Representação do modelo de desenvolvimento sustentável. Os três círculos representando o desenvolvimento social, o desenvolvimento econômico e a preservação ambiental.

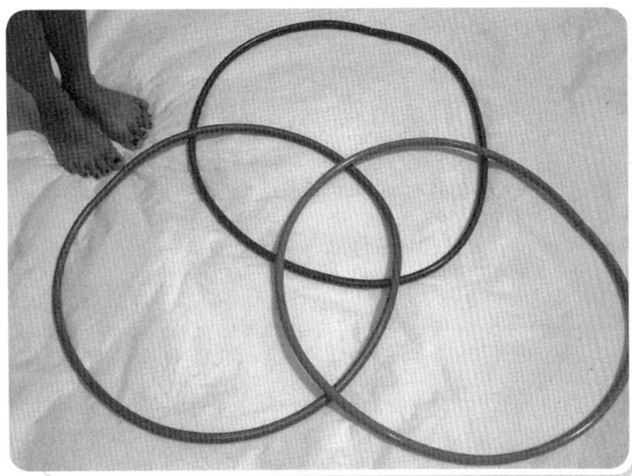

Fotografia 128.
Representação do modelo de desenvolvimento sustentável. Os círculos sobrepostos. A área comum aos três círculos representa o desenvolvimento sustentável.

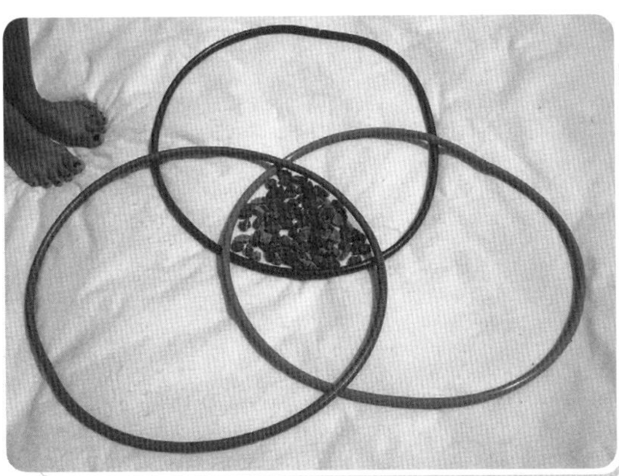

Fotografia 129.
Representação do modelo de desenvolvimento sustentável. As pedras (brita) na área que representa o desenvolvimento sustentável.

Recomenda-se alterar as posições das peças, de modo a produzir imagens variadas da área central (desenvolvimento sustentável). Essa variação demonstra que os fatores social, econômico e ambiental mudam constantemente, requerendo, assim, ajustes também contínuos (fotografia 130).

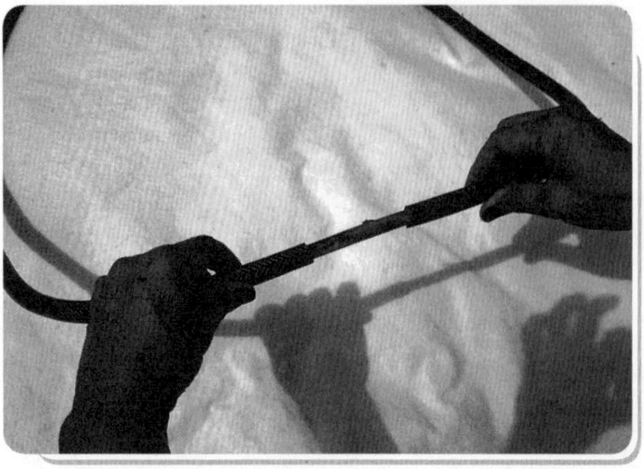

Fotografia 130. Representação do modelo de desenvolvimento sustentável. A variação da área de interseção das três áreas, ou seja, do desenvolvimento sustentável, demonstra que existem diferentes arranjos entre os componentes do desenvolvimento sustentável.

Discussão

O modelo de desenvolvimento no qual vivemos já se mostrou inadequado. Baseia-se no lucro a qualquer custo. Para lucrar é preciso vender. Para vender é preciso estimular o consumo. Quanto mais consumimos mais causamos degradação ambiental (desmatamento, erosão, assoreamento dos rios, urbanização e poluição das águas, do ar e sonora, entre outros). Quanto mais degradação ambiental, menos qualidade de vida, mais doenças, mais secas e inundações. O modelo ainda causa, de um lado, desperdício (opulência, concentração de renda) e, de outro, exclusão social.

Desde a década de 1950 que se fala em "desenvolvimento sustentável". Há inúmeras definições e por dezenas de anos discutiram-se novas. Essencialmente, busca-se um tipo de desenvolvimento em que seja possível alcançar desenvolvimento econômico e social e proteger o ambiente, ao mesmo tempo.

O desequilíbrio entre esses três elementos, como vimos, traz degradação ambiental e exclusão social. Alguns países são economicamente ricos, porém socialmente pobres e ambientalmente um desastre. Outros conseguiram sucesso econômico e ambiental, mas são um fracasso social.

Assim, não adianta atingir apenas um elemento, é preciso atingir os outros dois ao mesmo tempo. O desenvolvimento sustentável só é alcançado quando uma sociedade atinge crescimento econômico e social e ainda conserva sua qualidade ambiental.

O modelo dos três círculos é simbólico, didático e tem o mérito de provocar discussões baseadas em análises críticas.

38. Autobiografia de uma árvore

Objetivos

Demonstrar mecanismos de comunicação da natureza.
Promover a compreensão das dificuldades para sobrevivência enfrentadas pelos seres vivos.

Procedimentos

Obter uma seção (corte) de um tronco de árvore. Em geral, as serrarias cedem esses materiais a estudantes. Outra opção é encontrar um tronco de árvore, infelizmente, recém-cortado e ir até o local para observá-lo.

Fotografia 131.
Autobiografia de uma árvore. Seção da árvore cortada. Em seus traços a árvore registra seu passado. 1. No início da sua vida a árvore teve de se inclinar muito, certamente pela influência de outras árvores. Depois, voltou à posição vertical. 2. Um incêndio na floresta danificou a casca e o câmbio em um dos lados da árvore, que cicatrizaram. Com o tempo, outras camadas cobriram essa área. 3. Anéis mais largos indicam que a árvore passou por um período de rápido crescimento (muita chuva, pouca competição e outros fatores). 4. Os anéis mais estreitos indicam um período de dificuldades de crescimento, provavelmente uma seca mais prolongada. Uma árvore pode registrar parte da história do clima regional (desenho de John Murphy).

Fotografia 132.
Autobiografia de uma árvore. Árvore com aproximadamente quinze anos (quinze anéis). Em seus primeiros anos de vida, o crescimento foi muito rápido (os anéis são mais largos).

Interpretar os anéis de crescimento e promover uma discussão sobre os eventos envolvidos nesse processo.

Discussão

As árvores mantêm uma espécie de "diário" registrado em seu tronco. Em seus anéis de crescimento (em média, um anel por ano), os eventos do passar dos anos.

Períodos de secas, de chuvas excessivas, de ventos fortes, de temperaturas extremas e de incêndios florestais podem ficar registrados no tronco por meio das impressões apostas nos anéis de crescimento. Exemplos:

– Um anel largo reflete condições de crescimento favoráveis, como temperaturas amenas e condições de chuvas adequadas. Em geral, ele é mais claro e macio.

– Seca, danos às raízes ou infestação por pragas podem induzir anéis mais estreitos, em geral, mais escuros e duros.

– Ventos fortes predominantes em um lado da árvore podem ficar registrados por meio do estreitamento do anel no lado oposto ao dos ventos.

– Um incêndio na floresta pode danificar a casca e o câmbio em uma das superfícies laterais da árvore. Anos de crescimento cicatrizam a "ferida", que é coberta por uma nova casca. Essa "cicatriz" escura fica registrada nos anéis.

Fotografia 133.
Autobiografia de uma árvore. Seção do tronco de um Tamboril (*Enterolobium contortisiliquum*) no Laboratório de Produtos Florestais, Serviço Florestal Brasileiro, Brasília, DF. Observe a dimensão da árvore (colaboração de Flavia Saltini Leite, analista ambiental).

É bom acentuar que nos trópicos as estações do ano não são muito demarcadas, logo, os anéis nem sempre são nítidos. Entretanto, é possível ter uma ideia deles considerando áreas claras e escuras como anéis anuais de crescimento.

Contando os anéis descobre-se a idade aproximada da árvore (um ano por anel). Esse cálculo é aproximado porque existem muitas variações entre as espécies e entre as regiões da Terra.

Quanto mais próximo da base do tronco for o corte, mais confiáveis são os dados que se podem obter da seção.

Esta atividade propicia a oportunidade de percebermos as dificuldades para sobreviver encontradas também pelas árvores. Doenças, secas, incêndios, temperaturas extremas e outros eventos naturais impõem dificuldades à sua sobrevivência, assim como a de qualquer outro ser vivo na Terra.

Os seres humanos aparecem, nesse contexto, como uma das maiores ameaças às árvores por meio das motosserras, tratores e correntes, agentes químicos desfolhantes e incêndios florestais.

Ainda bem que, além das pessoas que cometem ações insanas de destruição da vida, existem também pessoas que dedicam toda sua vida a defender não apenas as árvores, mas todos os seres e processos que permitem a expressão da vida em nosso único hábitat possível, a Terra.

"Eu sou uma árvore"

Objetivo

Promover a percepção das dificuldades de sobrevivência de outros seres vivos, que não o animal humano.

Procedimentos

A ideia é nomear um pequeno grupo de crianças – ou mesmo adultos, por que não? – para representar, "dramatizar" os "sentimentos" de uma árvore.

Elas devem "se sentir uma árvore". Pedir que expressem as reações de uma árvore quando:

- Um vento suave balança suas folhas.
- Um rato rói o tronco.
- O orvalho da manhã refresca suas flores.
- Pessoas atiram pedras nos frutos.
- Pessoas fazem ranhuras e inscrições no tronco.
- Passarinhos fazem ninhos nos galhos.
- O sol está muito forte e o calor é muito intenso.
- Incêndios florestais acontecem.
- Chove agradavelmente.
- Alguém a corta com uma motosserra.
- Alguém a rega.

Discussão

Limitados ao nosso mundo das dimensões humanas, por meio de uma educação autocentrada, muitas vezes não percebemos que os "outros" seres vivos – como plantas e pequenos animais que compõem a biota terrestre – também passam por dificuldades em sua luta diária pela sobrevivência.

Essa dramatização estimula a percepção a respeito dessa dimensão, de forma geral, tão negligenciada na nossa formação.

Fotografia 134.
A exuberância da flora brasileira. O autor ao lado de uma folha gigante de cabaçu ou pau-ponte (*Coccoloba sp*) encontrada na Reserva de Jamari, RO (fotografia de Flavia Saltini Leite).

39. Casa das sensações

Objetivo

Propiciar um experimento de estímulo da percepção que promova reflexões sobre as relações das pessoas com seu ambiente.

Procedimentos

É um pouco mais trabalhoso construir esse equipamento, porém, seus resultados são amplamente compensadores. Requer planejamento detalhado e participação de diversos profissionais de diferentes áreas.

Trata-se de construir uma pequena "casa" – na verdade, um cômodo –, que servirá de ponto de visitação para estudantes e comunidade em geral. Pode ser feito com madeirite ou qualquer outro material.

Onde esta experiência foi feita, colheu-se grande sucesso. As pessoas se divertem muito, ficam intrigadas com os efeitos e as sensações que percebem dentro de si. Afinal de contas, elas não conseguem despejar água de uma garrafa para outra corretamente. A água sempre vai para o lugar errado. Sentem grande dificuldade para se levantar de uma cadeira. Percebem uma "força" puxando seu corpo para baixo. Ações simples, como arrumar algumas peças sobre uma mesa ou se equilibrar sobre uma perna, tornam-se difíceis. As pessoas ficam muito confusas e intrigadas.

Tudo isso ocorre porque a "casa" está inclinada, mas as pessoas não percebem. Assim, a ação da força da gravidade é percebida erroneamente pelo nosso sistema sensorial.

O segredo está na construção do cômodo, que deve ter seu piso inclinado em aproximadamente 15° (essa inclinação pode ser um pouco maior, dependendo da sensação que se deseja provocar, entretanto, não deve ultrapassar 30°).

A construção toda é feita para disfarçar essa inclinação. Deve-se bolar um tipo de entrada que disfarce essa característica. Todo o cômodo dever ser coberto por uma lona apoiada em estruturas que darão uma aparência normal (sem inclinação) ao conjunto.

A porta de entrada deve ser bem baixa. A pessoa deve se inclinar para entrar no cômodo. Isso facilita a transição entre a área externa e a área interna (inclinada). O agachamento também coloca a percepção da gravidade em uma espécie de fase de "transição", facilitando a percepção confusa, dentro do cômodo.

O cômodo não deve ter janelas e em suas paredes devem ser colocados quadros paralelos à linha do piso inclinado. Dessa forma, as pessoas que estão dentro da "casa" não terão referencial externo nem poderão perceber a inclinação.

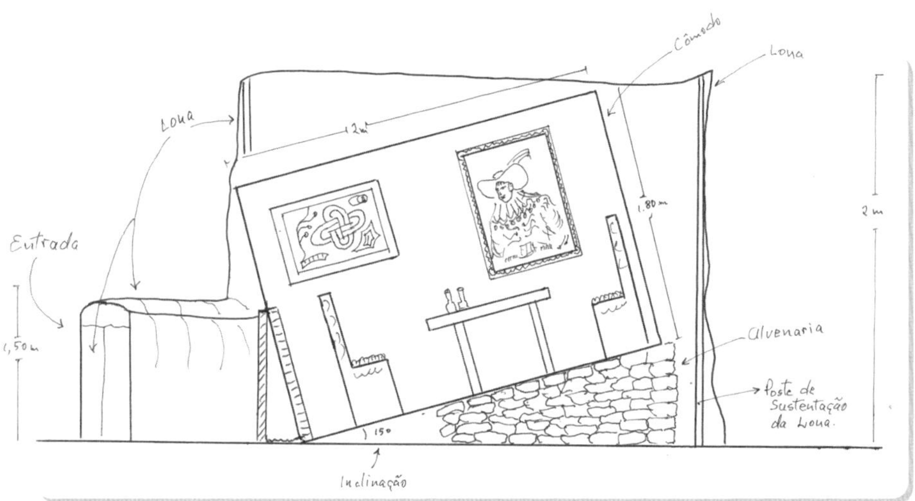

Figura 13. Casa das sensações.

Em seu interior devem ser colocadas duas cadeiras, uma mesa e, sobre esta, duas garrafas (uma com água e outra vazia), bolinhas de gude (marraio) e outros. As cadeiras devem ser fixadas em pontos opostos do cômodo (uma no local mais baixo e outra no local mais alto). A mesa deve ser presa ao piso, bem no meio da sala. Deve-se construir um pequeno tabuleiro (minissinuca) para que as pessoas tentem encaçapar uma bola de gude como se fosse um jogo de sinuca (*snooker*).

A entrada das pessoas na "casa" deve ser individual. Antes, são passadas as instruções:

– Sentar e levantar das duas cadeiras.
– Tentar passar um pouco de água de uma garrafa para a outra.
– Tentar equilibrar-se em apenas um pé.
– Tentar encaçapar uma bola de gude.

O tempo de permanência na casa não deve exceder três minutos. Algumas pessoas podem se sentir um pouco tontas. Pessoas com labirintite devem evitar o experimento.

Ao sair da "casa", as pessoas tendem a relatar suas sensações. Aconselha-se deixar que isso ocorra espontaneamente. Afinal, percepções são pessoais e únicas, e muitas delas, indescritíveis.

Discussão

Nas Dinâmicas da gravidade (Parte I) já consideramos esse tema. Na Casa das sensações, promove-se uma experiência mais intensa. No fim, comprovamos que nossos sentidos e coordenações estão todos conectados à orientação da força gravitacional. Ou seja, estamos todos fortemente ligados a informações que vêm da natureza e nosso sistema sensorial está ajustado a isso.

Quando recebemos uma informação visual falsa (o quadro na parede nos dá a impressão de estarmos em local plano, como a área externa), nossa coordenação orgânica nos conduz a decisões que nos deixam confusos. Afinal, por que é tão difícil levantar de uma cadeira e tão fácil da outra? Por que não consigo despejar água naquele recipiente sem derramar? Por que aquela bola de gude faz aquela curva?

Nosso corpo e nossa mente estão ajustados a informações físicas que a Terra nos envia, assim como a Lua, o Sol e o universo de forma em geral. Não somos seres independentes, desconectados, isolados. Pertencemos a uma inigualável teia de interações, como uma linha em uma rede cósmica.

40. A revelação da flor

Objetivo

Demonstrar como as plantas são atingidas pela poluição do solo.

Procedimentos

Providenciar duas garrafas transparentes e incolores que tenham o mesmo volume, por exemplo, garrafas PET de 600 ml.

Adicionar água às garrafas, em volumes iguais. Em uma delas, acrescentar um corante (anilina ou qualquer outro corante; pode ser até um pouco de pó de refresco de cor vermelha, como morango, cereja ou framboesa ou qualquer outro desses venenos químicos sintéticos vendidos por aí).

Esses corantes vão representar a poluição do solo causada por excesso de fertilizantes e biocidas (inseticidas, fungicidas, formicidas e outros tantos "cidas" utilizados na agricultura e na pecuária), além de outros "coquetéis" provenientes de indústrias e atividades diversas.

Vamos precisar de duas flores brancas, de preferência rosas brancas (não sabemos por que "rosas" brancas!). Colocar uma flor em cada garrafa, fazendo um corte no fim do talo antes de imergir as flores na água.

Aguardar pelo menos um dia e observar o que ocorreu com a coloração das pétalas das duas flores.

N.B.: para demonstrar o efeito da capilaridade é só mergulhar em um líquido colorido (refresco de groselha, por exemplo) dois canudos transparentes: um daqueles utilizados nas lanchonetes e um tubo capilar (pode ser solicitado em laboratórios de análises clínicas). O líquido colorido subirá pelo tubo capilar. É dessa forma que a água chega às folhas.

Discussão

Dependendo do estado das flores, da temperatura ambiente, da qualidade da água e de outros fatores, o tempo de absorção do corante pelas pétalas pode variar. Mas, de forma geral, o corante poderá aparecer nas pétalas em forma de manchas, denunciando sua absorção pela flor. É dessa forma que os venenos colocados nos solos atingem as plantas.

Assim, esta atividade pode demonstrar visualmente que as plantas absorvem substâncias do local onde estão fixadas. Infelizmente, as plantas não conseguem filtrar os venenos colocados pelo ser humano no solo e absorvem-nos, o que lhes causa muitos danos e, em vários casos, morte.

Observar que os venenos que chegam às plantas, em seguida, podem alcançar os animais que delas se alimentam (inclusive nós mesmos).

41. O bicho humano no zoo

Objetivo

Instigar as pessoas à percepção do ser humano como um ente também biológico, animal, mamífero, com todas as suas necessidades para a sobrevivência.

Procedimentos

Esta atividade já foi realizada inúmeras vezes, em diversos países do mundo. Apesar de não ser novidade, sempre causa impactos.

Procurar a direção do zoológico de sua cidade, se ela tiver um, e promover a colocação de um casal de humanos em uma jaula. Se não houver um zoo, simular uma área com uma jaula, como se ela fosse destinada a um bicho qualquer dito "selvagem".

Sinalizar com uma placa: "*Homo sapiens*. Distribuição: todos os hábitats da Terra. Alimentação: onívoro. Característica: grande modificador do ambiente.".

O casal deve ser selecionado entre jovens estudantes e ser orientado para ignorar a presença dos visitantes. Em momento nenhum eles devem olhar nos olhos dos visitantes, nem reagir às suas provocações (que certamente surgirão!).

O casal deve estar vestido a rigor: ele, paletó, gravata e sapatos pretos; ela, vestido longo, salto alto, maquiagem, joias). Dentro da jaula, deve haver uma mesa com duas cadeiras. Sobre a mesa, vários produtos enlatados, refrigerantes, biscoitos, componentes eletrônicos diversos, revistas e jornais. À medida que forem sendo consumidos as batatinhas fritas, os doces, os enlatados etc., as embalagens devem ser jogadas no chão da jaula, espalhadas, para dar ideia de sujeira mesmo.

Deve-se enfatizar o desperdício, o pouco caso, a indiferença, a arrogância, a pose e a empáfia.

O tempo da sessão não deve exceder uma hora. Para o casal, a experiência é duríssima, inesquecível.

Discussão

O comportamento dos visitantes é imprevisível, porém, experiências anteriores deixaram claro que no início as pessoas estranham, depois compreendem a proposta e, por fim, algumas podem inclusive passar à agressão! Por essa razão as pessoas escolhidas para o experimento devem também receber orientação psicológica para suportar a pressão dos visitantes.

As pessoas não gostam de serem vistas como animais. Algumas religiões moldaram suas percepções ao longo dos séculos, designando os seres humanos como o centro de tudo, a espécie para a qual a Terra foi preparada. Uma visão pretensiosa, ingênua, descabida e principalmente perigosa para a própria sobrevivência humana.

Em nome dessa "superioridade", percebemos os demais seres apenas como coadjuvantes, figurantes e, assim, tudo podemos fazer para "dominar a natureza" (como se isso fosse possível, ou mesmo necessário). Assim, @s human@s se acham no direito de derrubar florestas, queimá-las, aprisionar e matar os animais, poluir a água, o ar e o solo e considerar tudo isso muito natural.

Somos uma das espécies mais jovens do planeta (cerca de 1 milhão de anos e uma história mais próxima de apenas 200 mil anos). Os animais domésticos, como cães, gatos, cavalos e bois, estão na Terra há mais de 35 milhões de anos. Os peixes, há mais de 100 milhões de anos. As samambaias, há 400 milhões de anos. Achar que todo esse emaranhado de interdependências e conectividades foi estabelecido ao longo dos milhões de anos de experiência evolutiva acumulada para receber os "donos do pedaço" é, no mínimo, arrogância.

Somos uma espécie como qualquer outra, apenas desenvolvemos uma cultura sofisticada (artes, estética, ética, valores, paradigmas, conhecimento científico, político, filosófico, econômico e tecnológico etc.). Entretanto, nenhum escritório ou casa, pessoa ou sociedade humana, por mais sofisticado(a) que seja, pode abrir mão de sua condição terrena de dependência em relação aos serviços ecossistêmicos, como ar puro, água potável, clima ameno, solo fértil, alimentos, biodiversidade e outros.

A exposição de um casal de humanos em uma jaula escancara essa condição e pode promover uma reflexão sobre isso.

42. Central de reúso

Objetivo

Difundir a prática do reaproveitamento de materiais como forma de reduzir a pressão sobre os recursos ambientais.

Procedimentos

Destinar uma área cercada e coberta para depositar e separar materiais considerados sucata ou destinados ao lixo mas, que na verdade, não são lixo e sim matérias-primas que ainda servem para outros fins. Ali serão reunidas sobras de materiais de construção, pedaços de metais e madeira, portas velhas, vasos, móveis e sucatas em geral.

Esse passa a ser um local onde se podem depositar materiais de que não se precisa mais, mas que poderão servir a outras pessoas da mesma escola, empresa ou comunidade.

Periodicamente, fazer um convite à comunidade para vir à central de reúso, onde as pessoas poderão retirar objetos de seu interesse, como doação.

Dessa forma, carpinteiros, pedreiros, pequenos construtores, cooperativas de comunidades carentes, estudantes e artistas reaproveitam materiais descartados para dar-lhes nova utilização.

Fotografia 135.
Central de reúso da UCB.

Fotografia 136.
Central de Reúso da UCB. À esquerda, membros de uma cooperativa carregam um caminhão com doações.

Discussão

A central de reúso torna-se uma central de reaproveitamento. Em vez de certos materiais serem descartados no lixo, o que certamente iria poluir o ambiente, em lixões, eles são levados pela comunidade para nova utilização.

Uma ideia simples que contribui para prolongar a vida útil dos aterros e evitar o impacto ambiental da construção de novos. Promove benefícios à comunidade e reduz o consumo de matérias-primas, água e energia e a emissão de gases e calor envolvidos na fabricação dos produtos reaproveitados.

Por trás disso tudo há uma ideia: reduzir a produção de resíduos, estimular a cultura do reúso e promover a solidariedade, a cooperação e a responsabilidade socioambiental.

43. Folha não é lixo – Compostagem

Objetivos

Promover a prática da compostagem.

Demonstrar a viabilidade da adoção de práticas de reaproveitamento que contribuem efetivamente para a qualidade socioambiental.

Procedimentos

O processo de compostagem deve ser incorporado pela administração geral da instituição, pois será necessário acompanhamento sistemático durante todo o tempo (inclusive no período de férias). Logo, essa deve ser uma atividade assumida por todos: direção, coordenação, gerentes, administração, colaborador@s, funcionári@s, docentes e discentes (e seus pais também).

Não se faz compostagem de uma hora para outra. Deve haver planejamento: primeiro, conhecer o processo (resumo das técnicas e referência bibliográfica encontram-se nos Anexos deste livro); segundo, estabelecer as parcerias – quem vai fazer o que, como e quando.

A compostagem é um processo biológico de transformação da matéria orgânica crua em substâncias húmicas, estabilizadas, com propriedades e características diferentes do material que lhe deu origem. Consiste no reaproveitamento de matérias-primas orgânicas (folhas caídas, grama cortada, sobras de frutas, verduras e outros alimentos) que, por meio da atuação de microrganismos (biodigestão), passam por processos de fermentação e produzem um composto que poderá ser utilizado como adubo orgânico.

O processo é relativamente simples. Organiza-se a coleta do material a ser compostado e seu encaminhamento ao local destinado. Feitas as pilhas, basicamente se controla a temperatura, a umidade e a aeração, até que o composto fique pronto. Então, providencia-se sua destinação de uso (hortas, jardins, viveiros, projetos de recomposição florestal, recuperação de áreas degradadas etc.).

FOTOGRAFIA 137.
FOLHA NÃO É LIXO – COMPOSTAGEM. SINALIZAÇÃO SENSIBILIZADORA.

FOTOGRAFIA 138.
FOLHA NÃO É LIXO – COMPOSTAGEM. ÁREA DE COMPOSTAGEM NA UCB.

FOTOGRAFIA 139.
FOLHA NÃO É LIXO – COMPOSTAGEM. À DIREITA, PILHAS. AO FUNDO, VIVEIRO DE MUDAS.

Discussão

Todos devem conhecer o desperdício que acontece nas feiras, supermercados e centrais de abastecimento. São toneladas de frutas, verduras, hortaliças e outros alimentos que se perdem, rolando no chão, por descuidos no transporte, no armazenamento, na condução e na manipulação de forma geral. Raramente tais alimentos são aproveitados.

Existe também outro tipo de desperdício quando se joga na lata do lixo talos de verduras, cascas de frutas e outras sobras consideradas "lixo".

Há ainda a prática pouco inteligente de se coletar folhas caídas e aparas de gramado, colocá-las em sacos plásticos e levá-las para o lixão ou – o que é pior –, atear fogo, um crime ambiental (fogo em plásticos libera gases cancerígenos, as dioxinas).

Todas essas agressões ao ambiente e à saúde humana, assim como o flagrante desperdício, poderiam ser evitadas por meio da compostagem.

Além de reaproveitar tais materiais, ela ainda produz adubo orgânico e promove o conhecimento de técnicas de reaproveitamento que acabam reduzindo a pressão sobre os recursos ambientais, ou seja, é uma excelente atividade de Educação e Gestão Ambiental.

44. Implantando a preciclagem

Objetivos

Conhecer o conceito de preciclagem.
Estimular a participação e a cooperação em processos de preciclagem.

Procedimentos

Dividir o grupo em equipes de quatro pessoas e passar a seguinte tarefa:

1. Cada equipe deve escolher uma atividade comercial e escrever na lousa o nome dessa atividade e a identificação da equipe.

2. As equipes devem discutir um pouco sobre quais recursos naturais são consumidos na atividade econômica escolhida. Exemplo: padaria gasta água, energia elétrica, papel, trigo, água, combustível, embalagens, ovos, plásticos, leite, manteiga, queijos, açúcar e por aí vai.

3. Listar de que forma aquela atividade econômica pode adotar a preciclagem. Exemplos: um supermercado poderia não utilizar sacos plásticos para embalar as compras, mas sacos de papel reciclado, ou mesmo promover a venda, a preço de custo, de sacolas de tecidos, reutilizáveis; uma escola poderia alugar ônibus que não solte fumaça negra, nem faça barulho; uma locadora de carros poderia dar preferência a veículos movidos a álcool; um circo poderia apresentar seu espetáculo sem a presença de animais "domados"; uma construtora poderia adquirir cimento de fábrica que disponha de filtros contra a poluição.

Discussão

Preciclar é dar preferência a produtos que não agridem o meio ambiente. Esse processo ocorre quando você escolhe produtos que exibam comprovadamente cuidados com o meio ambiente – sabão biodegradável, papel reciclado, *sprays* sem CFC, uso de filtros, cuidados com a flora e a fauna, cuidados para evitar a poluição de qualquer tipo, cuidados na aquisição de matéria-prima de fontes confiáveis (que não utilizem mão de obra infantil e/ou escrava nem materiais de origem duvidosa) e assim por diante.

Agindo dessa forma, estimulam-se as empresas que investem na melhora de seus procedimentos assegurando-se que estes sejam ambientalmente corretos e que seus produtos sejam obtidos com pressão reduzida sobre os recursos ambientais.

Ao mesmo tempo, deixam-se nas prateleiras os produtos de indústrias atrasadas que ainda obtêm seus lucros à custa da degradação ambiental.

A preciclagem é um dos instrumentos de gestão ambiental mais eficientes, pois evita que o dano ambiental ocorra e não busca apenas corrigir os erros já cometidos (recuperação de áreas degradadas por mineração, por exemplo) ou simplesmente transfere o impacto de um lugar para outro.

45. Construindo painéis de análises

a. Índice de Desenvolvimento Humano (IDH)

Objetivo

Fornecer informações sistematizadas de diversos indicadores socioambientais para propiciar comparações e promover análises críticas.

Procedimentos

Buscar informações sobre:

– Índice de Desenvolvimento Humano (IDH)
– Produto Interno Bruto (PIB)
– Renda *per capita* (por pessoa)

Construir painéis que mostrem a classificação dos países, colocando-os um abaixo do outro, no formato de régua em pé (ver fotografias 140 e 141). Para tanto, selecionar alguns países do topo, do meio e do fim da classificação dos indicadores. Destacar o nome do Brasil com uma cor diferente.

Expor os painéis em saguões, salas de entrada, salas de exposição ou qualquer outro espaço por onde circulem pessoas, em ambiente escolar ou outro.

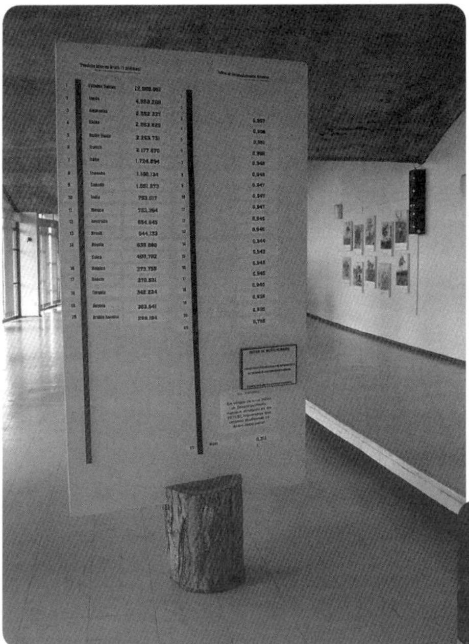

Fotografia 140.
Índice de Desenvolvimento Humano. Modelo de painel comparativo (centro de visitantes do Parque Nacional de Brasília).

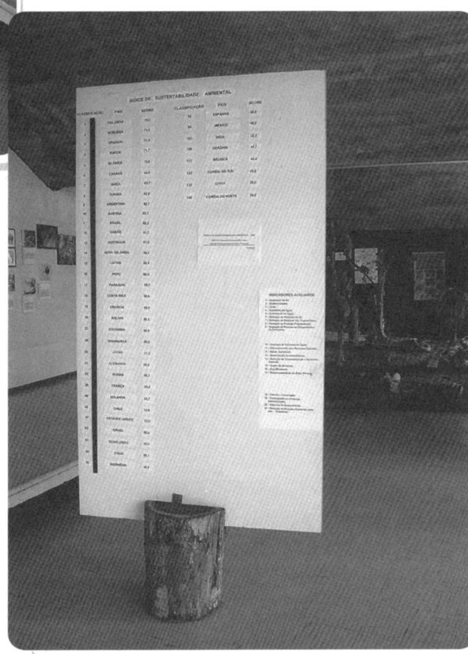

Fotografia 141.
Índice de Desenvolvimento Humano. Painel mostrando índice de sustentabilidade ambiental (centro de visitantes do Parque Nacional de Brasília).

Discussão

Divulgado pela ONU, o IDH é formado por quatro indicadores:

1. PIB *per capita* (uma espécie de média da renda anual de uma pessoa, em um país).
2. Expectativa de vida (quantos anos uma pessoa vive, em média, em um país).
3. Taxa de alfabetização (quanto de uma dada população sabe ler e escrever).
4. Taxa de matrícula nos três níveis de ensino.

Observar que na classificação do IDH, o Brasil já se situou na 75ª posição entre 179 nações. Não estamos entre os vinte primeiros, porém, também não estamos entre os que apresentam índices cruéis. Nos últimos dez anos o Brasil tem melhorado constantemente seu IDH, porém, ainda estamos muito afastados de uma classificação decente. Há muito trabalho a fazer para corrigirmos nossos erros históricos. Mas estamos a caminho.

O desenvolvimento humano de uma nação *não pode ser medido apenas pelos valores da economia*. Um país pode ser muito rico, mas essa riqueza pode estar nas mãos de meia dúzia de pessoas, enquanto o restante da nação vive na miséria. Daí a importância do IDH, que considera outras dimensões.

A expectativa de vida reflete as condições de vida das populações em termos de saneamento, saúde pública, segurança e qualidade ambiental, entre outros. As taxas de alfabetização e matrícula refletem a seriedade, o compromisso e a competência das políticas públicas em planejar e decidir os destinos de um povo.

Os países que apresentam os maiores cuidados com a qualidade ambiental são também os que ostentam melhor IDH.

Tabela 5. Classificação (*ranking*) do IDH 2008

Posição	País	IDH – 2008
1	Islândia	0,968
2	Noruega	0,968
3	Canadá	0,967
4	Austrália	0,965
5	Irlanda	0,960
6	Holanda	0,958
7	Suécia	0,958
8	Japão	0,956
9	Luxemburgo	0,956
10	Suíça	0,955
61	Venezuela	0,826
70	**Brasil**	**0,807**
94	China	0,762
174	Nigéria	0,370
175	Moçambique	0,366
176	Libéria	0,364
177	República Democrática do Congo	0,361
178	República Centro-Africana	0,352
179	Serra Leoa	0,329

Fonte: Programa das Nações Unidas para o Desenvolvimento (PNUD), disponível em http://www.pnud.org.br/arquivos/rdh/rdh20072008/hdr_20072008_pt_complete.pdf.

Quanto ao PIB, o Brasil apresenta posição de país emergente, em desenvolvimento, rico (afinal, está entre as dez maiores economias do mundo). Mas, observando seu PIB *per capita* (por pessoa), pode-se perceber que essa riqueza não está bem distribuída. Nesse índice, despencamos para a 105ª posição. Isso reflete a cruel e profunda desigualdade social e econômica do Brasil. Uma elite apodera-se da maior parte da renda do país, enquanto um enorme contingente vive sob condições lamentáveis de carências múltiplas. Esse quadro só pode mudar por meio da promoção da consciência política e da participação de diversos setores da sociedade, via educação transformadora.

Tabela 6. Produto Interno Bruto (PIB)

Posição	País	Produto Interno Bruto (PIB) (bilhões US$)
1	Estados Unidos	13.811,200
2	China	7.055,079
3	Japão	4.283,529
4	Índia	3.092,126
5	Alemanha	2.727,514
6	Rússia	2.088,207
7	França	2.061,884
8	Reino Unido	2.046,780
9	**Brasil**	**1.833,601**
10	Itália	1.777,353
171	Guiné-Bissau	809
172	Timor Leste	761
177	Tonga	364

Fonte: Banco Mundial, 2007, disponível em http://siteresources.worldbank.org/datastatistics/resources/gdp_ppp.pdf.

Tabela 7. Classificação do PIB *per capita* (dólares/pessoa/ano)

País	Posição	PIB *per capita* (US$)	Data da informação (est.)
Liechtenstein	1	$ 118,000	2007
Catar	2	$ 101,000	2008
Luxemburgo	3	$ 85,100	2008
Kuwait	5	$ 60,800	2008
Noruega	6	$ 57,500	2008
Brunei	8	$ 54,100	2008
Cingapura	9	$ 52,900	2008
Estados Unidos	10	$ 48,000	2008
Chile	77	$ 15,400	2008
Argentina	82	$ 14,500	2008
Venezuela	85	$ 14,000	2008
Brasil	**105**	**$ 10,300**	2008
China	131	$ 6,100	2008
Índia	171	$ 2,900	2008
Burundi	227	$ 400	2008
Zimbábue	229	$ 200	2008

Fonte: CIA, *The World Factbook*, disponível em https://www.cia.gov/library/publications/the-world-factbook/rankorder/2004rank.html.

b. Índice de vulnerabilidade ambiental às mudanças climáticas

Objetivo

Oferecer subsídios para a discussão sobre a vulnerabilidade das nações às mudanças ambientais globais.

Procedimentos

Construir um painel que mostre o Índice de Vulnerabilidade Ambiental. Os dados estão na tabela 8.

Tabela 8. Índice de Vulnerabilidade Ambiental

1. Noruega
2. Finlândia
3. Suécia
4. Suíça
5. Canadá
6. Japão
7. Áustria
8. França
9. Estados Unidos
10. Dinamarca
11. Bélgica
12. Itália
14. Holanda
15. Austrália
16. Nova Zelândia
17. Espanha
22. Reino Unido
23. Portugal
25. Israel
40. Chile
41. Colômbia
44. Uruguai
45. Indonésia
46. Equador
51. Egito
52. China
53. Líbano
55. Jordânia
56. Brasil
57. Filipinas
59. Paraguai
60. México
62. Bolívia
63. Peru
64. Vietnã
70. El Salvador
71. Honduras
72. Marrocos
74. Índia
75. Nicarágua
78. Paquistão
82. Síria
83. Guatemala
84. Haiti
88. Uganda
89. Nigéria
90. Senegal
91. Quênia
92. Angola
96. Etiópia
98. Somália
99. Bangladesh
100. Serra Leoa

FONTE: *COLUMBIA UNIVERSITY'S CENTER FOR INTERNATIONAL EARTH SCIENCE, THE ENVIRONMENTAL VULNERABILITY INDEX*, 2006.

Certamente, surgirá a pergunta: Quais as providências a serem tomadas no Brasil?

Sugere-se, então, que se conheça o programa brasileiro para enfrentar as mudanças climáticas globais, o Plano Nacional sobre Mudança do Clima (PNMC). Para tanto, deve-se acessar o *site* do Ministério do Meio Ambiente (www.mma.gov.br) e baixar o documento *PNMC*, também disponível em alguns órgãos públicos federais ligados à área ambiental. Nos Anexos deste livro há um resumo desse programa.

Promover a leitura do *PNMC* (versão completa ou resumo, dependendo do nível escolar do grupo), destacar os pontos mais importantes e identificar aqueles que mais têm a ver com a realidade local.

Promover a leitura do *Manifesto por uma posição consistente do governo brasileiro frente à mudança do* clima, do Observatório do Clima (ver Anexos) e iniciar uma discussão.

Discussão

Em 2006, nos Estados Unidos, a Universidade de Colúmbia (*Columbia University's Center for International Earth Science*) divulgou seu Índice de Vulnerabilidade Ambiental (*The Environmental Vulnerability Index*). Trata-se do *ranking* (classificação) do grau de preparação dos países para enfrentar os desafios da mudança global do clima. O estudo apresenta cem nações (da mais preparada a menos preparada). Dessa forma, a Noruega seria o país mais bem preparado e Serra Leoa o mais despreparado.

É relevante observar que a Holanda, que tem grande parte de suas terras abaixo do nível do mar, pudesse apresentar alta vulnerabilidade. Entretanto, está entre os vinte países mais "seguros", digamos assim. Como entender isso?

A Holanda vem investindo em mitigação e adaptação desde os primeiros relatórios do Painel Intergovernamental sobre Mudança do Clima (IPCC, do inglês *Intergovernamental Panel on Climate Change*), sobretudo por sua experiência acumulada em conviver com ameaças naturais.

Algo semelhante ocorreu no Japão. Construções em áreas mais elevadas, anteparos contra elevação do nível do mar e um infinito repertório de medidas de adaptação e mitigação estão em pleno processo de execução desde 1995.

Por outro lado, que medidas foram tomadas em Bangladesh para evitar a perda de milhares de vidas humanas por conta de inundações e tempestades já previstas, anunciadas e mapeadas?

Eis o desafio lançado pelos cenários. Países com má governança apresentam capacidade restrita de percepção, planejamento, execução e avaliação de programas para o enfrentamento dos problemas derivados da mudança climática global. Suas vulnerabilidades não são apenas naturais (grande faixa de litoral, áreas abaixo do nível do mar, poucos recursos hídricos, solos improdutivos e outros), mas também são constituídas por pontos frágeis em sua rede de sustentação social, política e econômica e agravadas pela pobreza (pessoas vivendo em áreas de risco, como encostas, margens de rios, regiões áridas e outros), ignorância, corrupção e regimes autoritários.

46. Narcisômetro

Objetivo

Estimular a observação analítica, reflexiva, crítica e autocrítica das percepções e atitudes pessoais referentes às realidades socioambientais.

Procedimentos

Fazer, no centro da face opaca de um pequeno espelho (15 x 20 cm, por exemplo), uma pequena raspagem até formar um pequeno orifício (do tamanho da cabeça de um alfinete), de modo que se possa ver do outro lado. Essa raspagem pode ser feita com a ponta de um canivete, faca ou similar. Deve-se ter o cuidado para evitar acidentes.

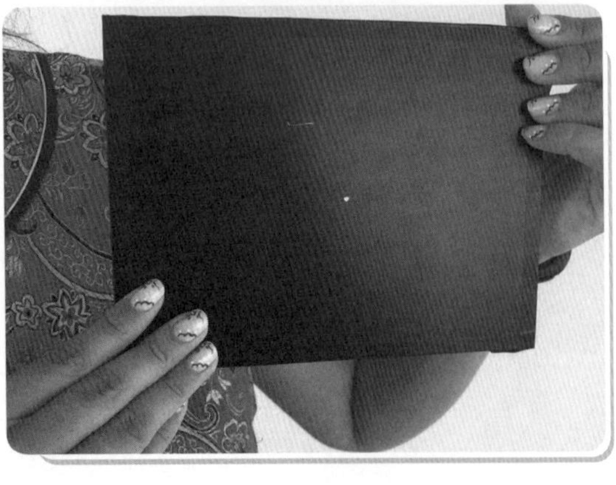

FOTOGRAFIA 142.
NARCISÔMETRO. ORIFÍCIO "RASPADO" NA PARTE OPACA DO ESPELHO.

Procedimentos

Pedir que a pessoa fique de frente a uma paisagem que possa representar o ambiente local, a uma imagem que tenha árvores, casas, pessoas, pássaros, montanhas, ruas e outros.

Pedir que a pessoa segure o espelho em frente ao rosto, com os braços totalmente esticados, conforme as fotografias 143 e 144.

Fotografia 143.
Narcisômetro. Segurando o espelho de longe.

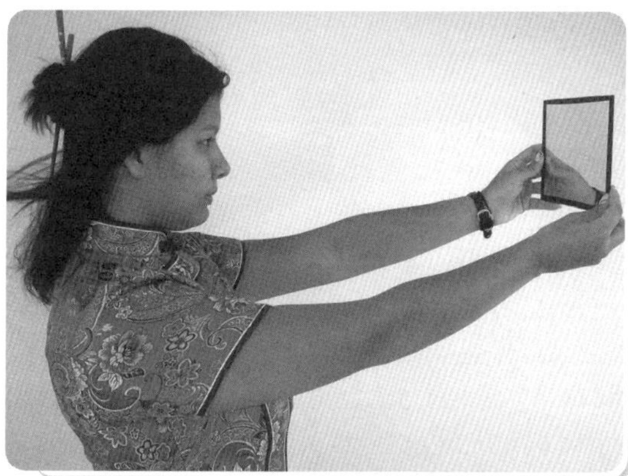

Fotografia 144.
Narcisômetro. Observe os braços estendidos.

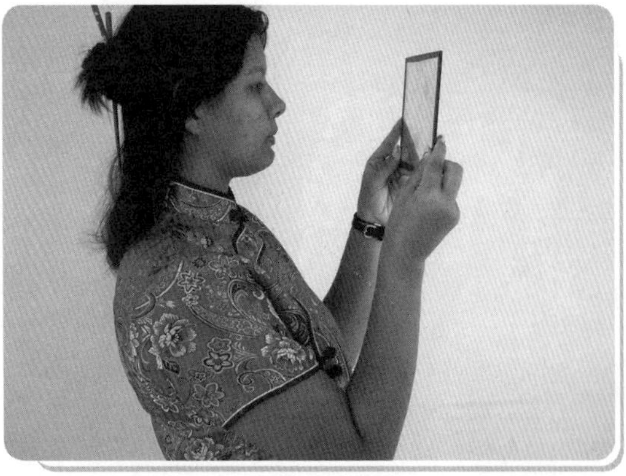

Fotografia 145.
Narcisômetro. Aproximando o espelho.

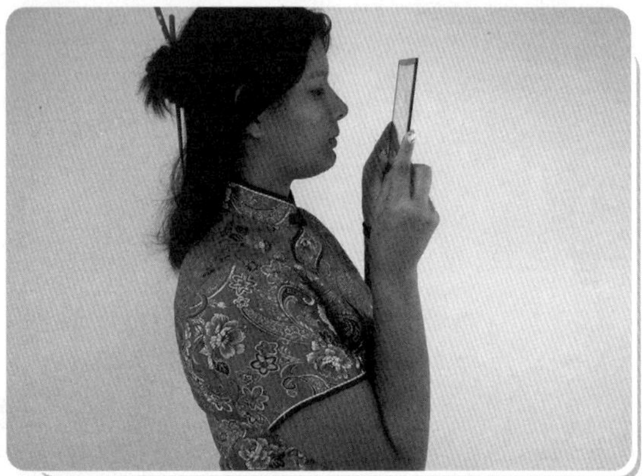

Fotografia 146.
Narcisômetro. Diminuindo a distância ainda mais, até um dos olhos ficar o mais próximo possível do orifício no espelho.

Em seguida, pede-se que diminua progressivamente a distância entre o espelho e o rosto, até o orifício no centro do espelho ser percebido. A curiosidade deverá levar a pessoa a se aproximar cada vez mais desse furo e, eventualmente, aproximar-se o máximo possível, até conseguir enxergar o que há além do espelho, através do orifício. Nesse ponto, as pessoas perceberão as imagens do outro lado do espelho.

Promover uma discussão sobre o evento.

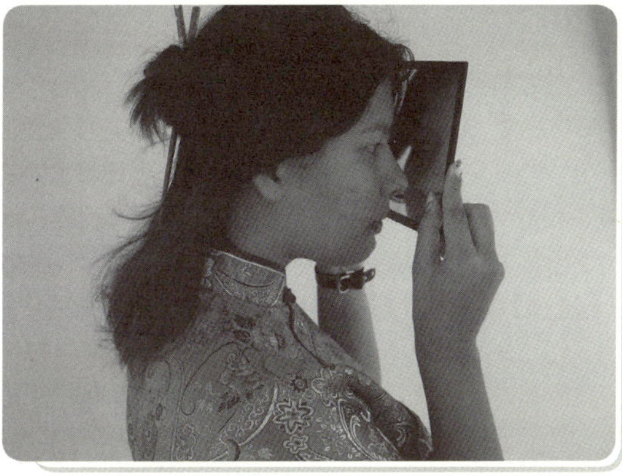

Fotografia 147.
Narcisômetro. Chegando ao ponto certo.

Discussão

Esta atividade é um desafio à percepção autocentrada.

Quando as pessoas estão a 1 m do espelho ou até a distâncias menores, obviamente se concentrarão em sua própria imagem refletida no espelho.

À medida que se aproximam do espelho e conseguem identificar o orifício em seu centro, passam a olhar através deste e começam a vislumbrar outras imagens do mundo, além da própria.

Enquanto tivermos nossa atenção autocentrada (mirando apenas a própria imagem) não conseguiremos perceber o mundo que nos cerca, suas mazelas, desafios, belezas e fascínios.

47. O alerta nos círculos

Na China costuma-se dizer que um desenho vale por 5 mil palavras. Esta atividade permite visualizar o crescimento da população humana por meio de uma simulação e expor o desafio de controlar tal tendência suicida.

Objetivo

Promover uma discussão sobre a necessidade do estabelecimento de políticas internacionais, nacionais e locais para o controle do crescimento da população humana.

Procedimentos

Escolher uma área livre (quadra de esporte, pátio, sala grande) onde se possa desenhar, com giz, cinco grandes círculos no chão.

Utilizando um pedaço de barbante (30 cm), fazer dois laços em suas extremidades. Em seguida, afixar uma das extremidades ao solo e com um giz dentro do outro laço, traçar nove círculos no chão, distantes 1 m uns dos outros, em uma linha reta.

Os círculos representarão o planeta Terra. Colocar, dentro de cada um deles, peças que simbolizem os habitantes humanos. *Cada peça representará 50 milhões de habitantes.*

Ao lado de cada círculo escrever o ano, o número de habitantes humanos e o de peças correspondente àquela população (Tabela 9).

Tabela 9. O alerta nos círculos

Ano	População humana	Número de peças a serem colocadas no círculo
Início da era cristã	250 milhões	5
1804	1 bilhão	20
1927	2 bilhões	40
1960	3 bilhões	60
1974	4 bilhões	80
1987	5 bilhões	100
2000	6 bilhões	120
2010	7 bilhões	140
2050	9 bilhões	180

Essas "peças" podem ser pequenas pedrinhas, tampas de garrafas ou apenas pequenos círculos com um *x* no meio, desenhados com giz de diversas cores (simbolizando a diversidade humana e até mesmo as diferenças de padrões de consumo de recursos naturais que ocorrem entre países e/ou pessoas ricas e pobres).

Promover uma discussão sobre o resultado visual obtido, de modo a perceber o aumento da ocupação do planeta pela espécie humana na sequência dos nove círculos preenchidos.

Observar que cada pessoa a mais no planeta significa maior pressão ambiental. Cada pessoa vai precisar de mais água, energia elétrica, combustíveis, matéria-prima, alimentos, abrigo etc. Isso traz mais urbanização, produção de lixo, poluição, desmatamentos, gases de efeito estufa e por aí vai.

Comentar sobre as causas, consequências e possíveis alternativas de soluções.

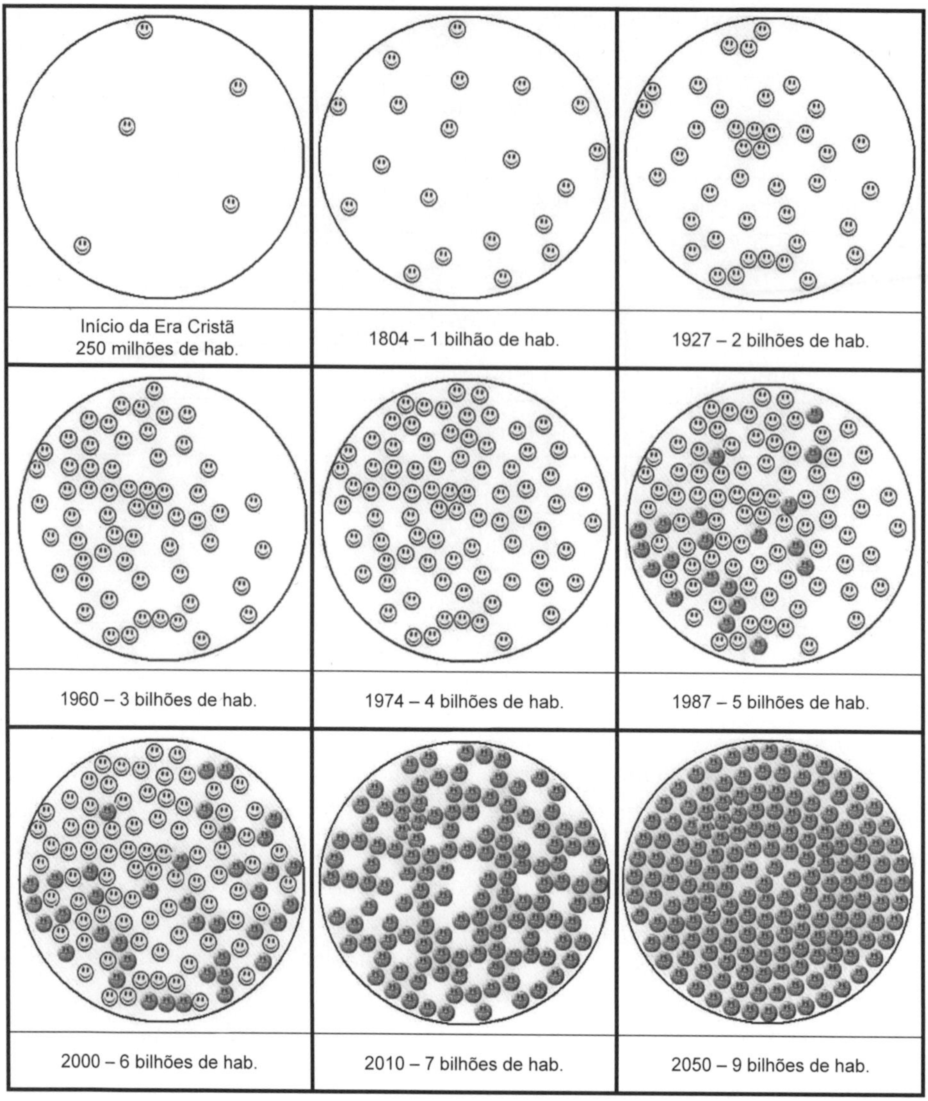

Figura 14. O alerta nos círculos.

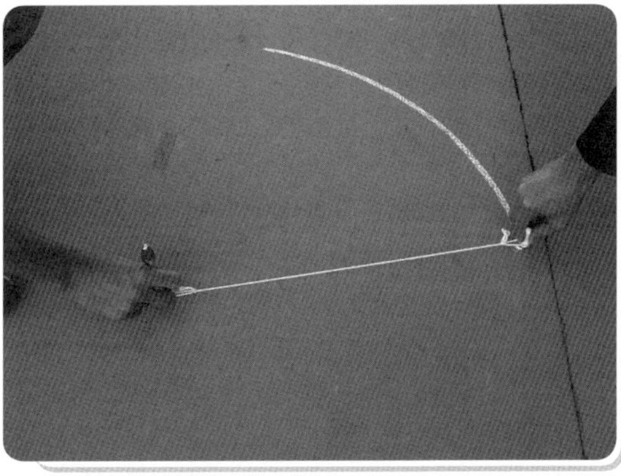

Fotografia 148.
O alerta nos círculos. Fazendo os círculos.
Uma pessoa fixa o centro e outra, com o giz, faz o círculo, mantendo o barbante sempre esticado.

Fotografias 149 a 157.
O alerta nos círculos. A representação na calçada.

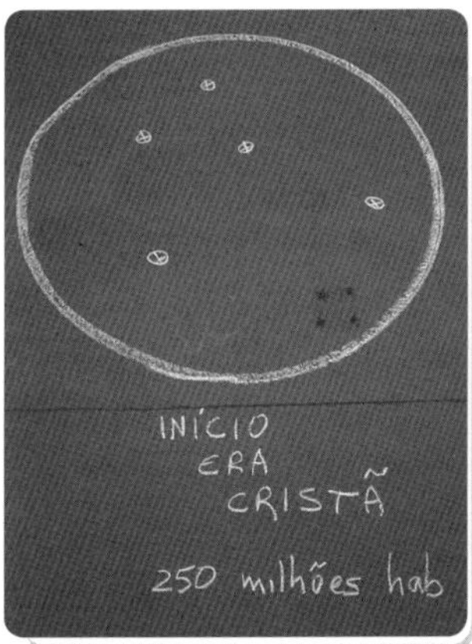

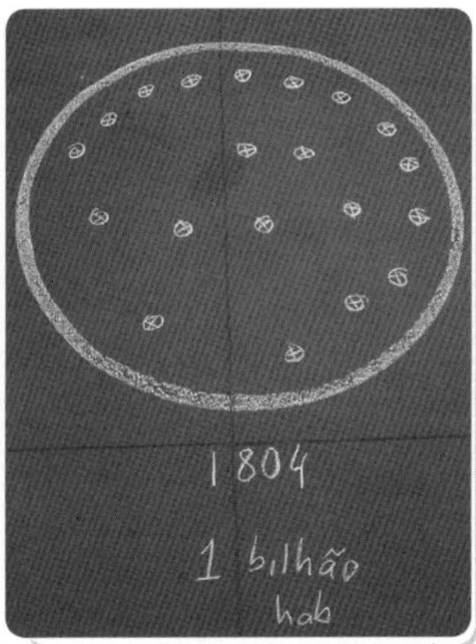

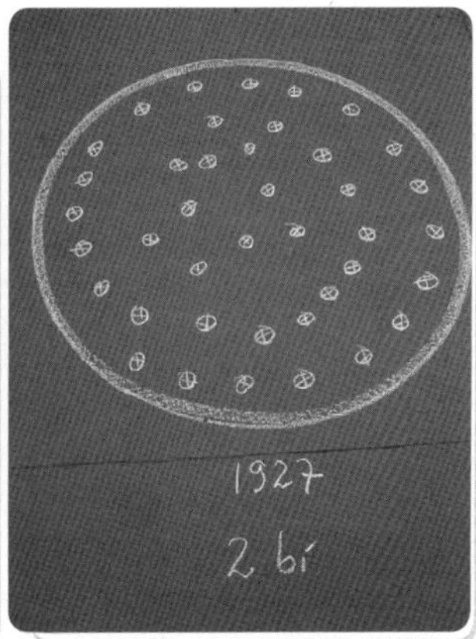

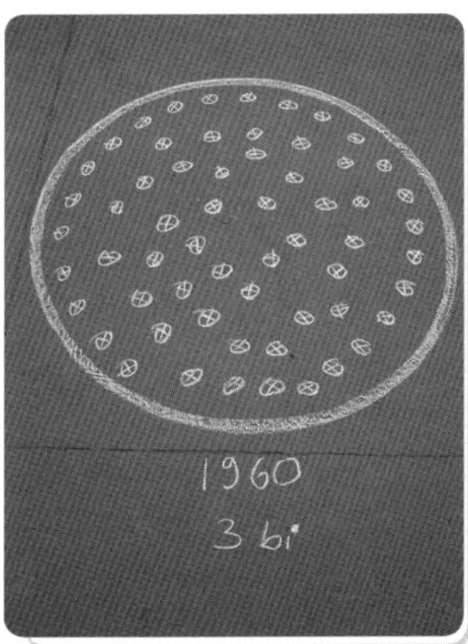

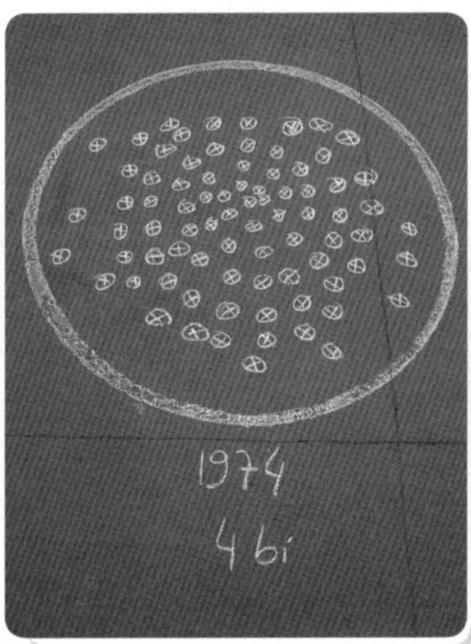

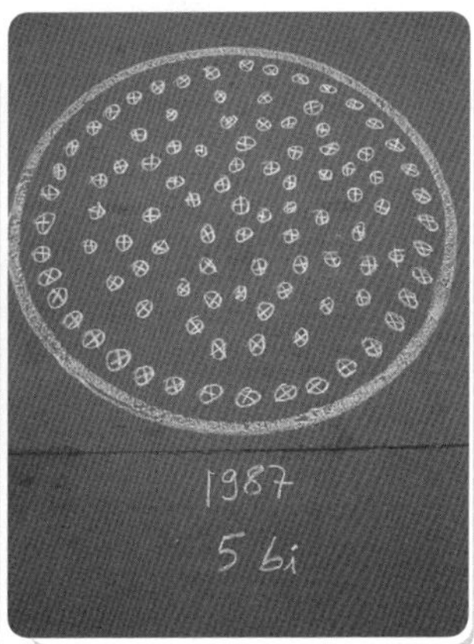

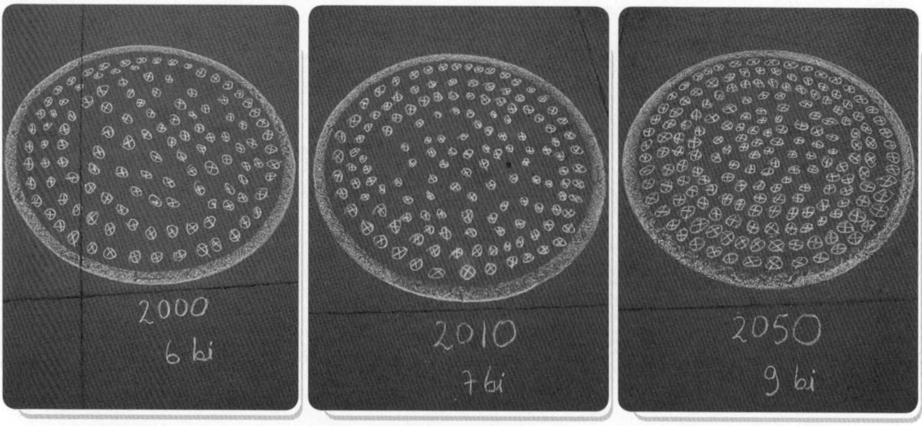

FOTOGRAFIA 158.
O ALERTA NOS CÍRCULOS. VISÃO GERAL DAS REPRESENTAÇÕES NA CALÇADA.

Fotografia 159.
O alerta nos círculos. Outro ângulo da representação.

Discussão

Os desenhos dos círculos preenchidos com representações da população humana oferecem, de forma objetiva, a percepção visual do grande desafio que temos de enfrentar. Há gente demais no mundo e nosso número não para de crescer.

Não há possibilidade de esse crescimento continuar sem que uma grande parcela da população sofra ainda mais por causa da perda de qualidade de vida gerada pela diminuição da qualidade ambiental, assim como das consequentes exclusão social, miséria e desnutrição e do desespero gerador de conflitos e incertezas generalizados decorrentes dessas perdas.

As imagens geradas pelos desenhos causam grande impacto visual e podem ajudar a perceber a grande encrenca em que a sociedade humana se envolveu.

A estabilização do crescimento populacional humano (crescimento zero) – e até mesmo sua redução – passa a ser uma estratégia elementar de sobrevivência da espécie humana. Todo o possível progresso alcançado por meio da educação, da gestão ambiental, de inovação tecnológica e de políticas públicas mais eficientes poderá ser atropelado pelo crescimento populacional. Essa questão deve ser colocada como prioritária.

Nenhuma religião ou cultura pode negar o direito de se manter a vida humana em padrões de existência decentes, viabilizando sua escalada evolucionária.

Posfácio

Gostaria de encerrar este livro com essas imagens, gravadas em minha retina como uma mensagem de esperança e de crença nas possibilidades de sucesso da espécie humana, apesar dos cenários anunciados.

Fiz estas fotos no fim de tarde de um dia quente de verão (7 de agosto de 2009) em Seul, Coreia do Sul.

Esse país foi destruído por várias guerras e invasões, mas manteve sua identidade cultural, orientada por sólidas bases filosóficas e espirituais. Conseguiu reerguer-se e formar uma das nações mais prósperas e justas do mundo. Cerca de 70% de seu território é formado por montanhas cobertas de florestas.

Férias escolares. Os pais experimentavam com seus filhos momentos de lazer às margens de um rio de águas límpidas que cruza o centro comercial da cidade. Um rio recuperado.

Fotografia 160.
Com modernos prédios comerciais dos dois lados, a natureza, no meio, flui livremente suas águas, trazendo lazer, conforto, estética e orgulho às pessoas que reconhecem seu significado. Ali, antes havia um rio fétido e um comércio caótico e sujo de ambulantes.

Fotografia 161.
O prazer indescritível de receber a carícia da água pura e gelada massageando os pés, serpenteando pedras e espalhando o som suave e tranquilizante de sua passagem, em pleno coração de uma metrópole de 10 milhões de habitantes.

Fotografia 162.
Autor em Seul, Coreia do Sul, 31 de julho de 2009, 18h55 (fotografia de prof. dr. Luis Fernando Bessa).

Não pude resistir ao convite das crianças e das águas e ali tive a sensação maravilhosa de que *é possível.*

Determinação, respeito, disciplina, investimentos em educação, honestidade, justiça, trabalho, seriedade, objetividade, competência, inovação, criatividade e outros elementos, amalgamados por um senso de pertinência, compromisso e orientação filosófica e espiritual sempre presentes.

É POSSÍVEL!

Muito agradecido.

Genebaldo Freire Dias

Anexos

Anexo I – Compostagem

A compostagem é um processo biológico de transformação da matéria orgânica crua em substâncias húmicas, estabilizadas, com propriedades e características diferentes do material que lhe deu origem.

Consiste no reaproveitamento de matérias-primas orgânicas (sobras de frutas, verduras e outros alimentos) que, por meio da atuação de microrganismos (biodigestão), passam por processos de fermentação e produzem um composto que poderá ser utilizado como adubo orgânico.

O processo é simples. Basicamente se controla a temperatura, a umidade e a aeração.

A decomposição aeróbia é caracterizada pela elevação da temperatura e por gases inodoros.

Metodologia

Para obter um composto de boa qualidade e em menor tempo é necessário observar:

1. Local

O local para montagem das pilhas de matéria-prima deve ser limpo e ligeiramente inclinado para facilitar o escoamento das águas de chuvas. Deve ter área suficiente para a construção das pilhas e espaço para seu revolvimento e para a circulação na coleta e transporte.

2. Tamanho dos pedaços de resíduos

Os resíduos a serem compostados não devem estar sob forma de partículas muito pequenas (restos de farinha, por exemplo), para evitar compactação durante o processo, o que compromete a aeração.

Por outro lado, resíduos em grandes pedaços (uma banda de abóbora, por exemplo) retardam a decomposição por reterem pouca umidade e apresentarem menor superfície de contato com os microrganismos.

Restos de arroz e de feijão, gramas e folhas, por exemplo, podem ser compostados inteiros.

3. Umidade

A melhor umidade para o material ser compostado é entre 40 e 60%.

Abaixo de 35%, a atividade microbiana é afetada; acima de 65% começa a haver comprometimento da aeração da massa, provocando condições anaeróbicas e consequente liberação de odores desagradáveis.

Em caso de falta de água, deve-se irrigar uniformemente o material em compostagem uma ou duas vezes por semana; em caso de excesso de água (após chuvas), deve-se fazer o revolvimento do material para provocar a evaporação.

Na operação de controle da umidade é importante que todas as camadas do material em compostagem tenham igual teor de água, portanto, ao revolvê-lo, deve-se misturar as camadas externas mais secas com as internas mais úmidas.

4. Aeração

O oxigênio é de vital importância na oxidação biológica do carbono dos resíduos orgânicos, para que ocorra produção da energia necessária aos microrganismos que realizam a decomposição. Parte dessa energia é utilizada no metabolismo dos microrganismos e o restante é liberado na forma de calor.

A aeração evita presença de maus odores e de moscas. Para se obter o adequado suprimento de oxigênio, deve-se realizar revolvimentos do material, que podem ser feitos utilizando-se garfos, enxadas e ancinhos.

Recomenda-se que se faça o primeiro revolvimento duas ou três semanas após o início do processo, período em que se exige a maior aeração possível.

O segundo revolvimento deve ser feito aproximadamente três semanas após o primeiro, ocasião em que se inicia a diminuição lenta da temperatura, indicando o início da estabilização do processo de compostagem.

Na décima semana após o início do processo, faz-se um terceiro revolvimento para uma incorporação final de oxigênio. É provável que nessa circunstância não esteja mais ocorrendo liberação de calor, pois a matéria orgânica não estará mais sofrendo decomposição e os elementos fertilizantes poderão ser conservados sem perdas.

5. Temperatura

O calor desenvolvido pelo composto é resultado da influência de fatores que atuam no processo de decomposição. Havendo microrganismos, oxigênio, umidade, granulometria favorável e material com relação N/C (nitrogênio/carbono) em torno de 30/1 haverá, forçosamente, produção de calor, indicativo de que o processo fermentativo foi iniciado.

Para verificar se o processo está ocorrendo normalmente, deve-se monitorar a temperatura com frequência. Para isso, basta introduzir algumas barras de ferro (vergalhões) até o fundo das pilhas dos materiais a serem compostados, tão logo estas estejam prontas.

Essas barras devem ser retiradas para verificação da temperatura a cada dois ou três dias até o primeiro revolvimento, passando a uma vez por semana a partir de então, até o final do processo.

A temperatura deve ser verificada tocando-se com a palma da mão a parte da barra de ferro que estava na pilha de compostagem. Podem ocorrer três situações:

a) A barra de ferro apresenta-se quente, porém o contato com a mão é suportável. São indícios de que o processo está ocorrendo normalmente.

b) A barra de ferro está muito quente, não sendo suportável o contato com a palma da mão. Nesse caso, está havendo excesso de temperatura e o material deve ser revolvido, se estiver muito úmido, ou umedecido, se estiver seco.

c) A barra de ferro encontra-se morna ou fria. Nesse caso, deve-se considerar o tempo em que está ocorrendo o processo. Se ainda não tiver sido feito o primeiro revolvimento, provavelmente falta umidade na pilha ou suas dimensões estão incorretas. Se o processo já estiver ocorrendo há mais de sete semanas, com dois ou mais revolvimentos, a baixa temperatura indica que a decomposição está estabilizada, portanto, o composto está pronto.

O composto estabilizado, além de ter temperatura ambiente, apresenta-se quebradiço, quando seco, ou moldável, quando úmido, não atrai moscas e não tem cheiro desagradável.

6. Construção das pilhas

As pilhas para uso em escolas e pequenas empresas não devem ser grandes. Precisam ser preparadas diretamente no solo e ter camadas intercaladas de restos vegetais.

Primeiro, demarca-se no solo uma largura de 1 a 2 m, deixando espaço para comprimento indeterminado (de acordo com a quantidade de material).

No local, deve-se prever um espaço para o revolvimento do composto (aproximadamente 2 m) em uma das extremidades da pilha. Deve-se também construir valas de escoamento para águas de chuva ao redor da(s) pilha(s).

Inicia-se a construção das pilhas distribuindo-se uniformemente os resíduos vegetais, de preferência bem fragmentados, em uma camada de 10 a 15 cm de espessura. Irriga-se o material, em seguida.

De preferência, a última camada deve ser de resíduos vegetais para melhor proteção contra águas de chuva, embora o ideal seja proteger com capim ou lona.

A modalidade de compostagem em pilhas e a aeração por revolvimento manual são impraticáveis para grandes volumes de resíduos (necessidade de mecanização).

Utilização do composto

A maior eficiência do composto orgânico é obtida por sua utilização imediatamente após o término do processo de compostagem.

Entretanto, se isso não for possível, o composto deve ser armazenado em local protegido do sol e da chuva e, de preferência, coberto com lona de polietileno ou mesmo com sacos velhos.

Bibliografia Recomendada

BARRETO, Celso Xim. *Prática em agricultura orgânica.* 2. ed. São Paulo: Ícone,1986. 200 p.

KIEHL, Edmar José. *Fertilizantes orgânicos.* Piracicaba: Editora Agronômica Ceres, 1985. 492 p.

MARRIEL, E. M.; KONZEN, E. A.; ALVARENGA, R. C.; SANTOS, H. L. Tratamento e utilização de resíduos orgânicos. *Informe Agropecuário*, Belo Horizonte, v. 13, n 147, p. 24-36, mar. 1987.

TAGLIARI, Paulo Sérgio. Produção agroecológica: uma ótima alternativa para agricultura familiar. *Agropecuária Catarinense*, Florianópolis, v. 10, n. 1, p. 29-39, mar. 1997.

Anexo II – Plano Nacional sobre Mudança do Clima (Resumo)

Princípios

A mudança global do clima é um dos mais significativos desafios da atualidade. O Plano Nacional sobre Mudança do Clima pretende incentivar o desenvolvimento das ações do Brasil colaborativas ao esforço mundial de combate ao problema e criar as condições internas para o enfrentamento de suas consequências.

Quais as reais possibilidades socioeconômicas das nações, individualmente, e qual sua disposição para enfrentar as causas e consequências do problema são questões que se impõem nos nossos dias. Cada país deve tentar equacionar suas respostas e organizar suas ações.

O Brasil vem buscando encontrar um caminho onde o esforço de mitigação da mudança do clima seja efetivo e a garantia do bem-estar de seus cidadãos, a principal variável.

A mudança do clima é uma questão estratégica para o presente e o futuro do desenvolvimento nacional. Envolve-se aqui não só uma questão de escolhas produtivas e tecnológicas, mas também a preservação e, sempre que possível, o aumento da competitividade da economia e dos produtos brasileiros em um mundo globalizado. As escolhas são feitas à medida que a sociedade reconhece o problema, compreende a dinâmica das múltiplas forças que o provocam, define-se como parte da solução e se vê como beneficiária das decisões tomadas.

Duas são as vertentes principais que se apresentam: a difícil tarefa de equacionar a questão das mudanças do uso da terra com suas implicações de grande magnitude nas emissões brasileiras de gases de efeito estufa e a instigante tarefa de aumentar continuamente a eficiência no uso dos recursos naturais do país.

1. Fomentar aumentos de eficiência no desempenho dos setores da economia na busca constante do alcance das melhores práticas.

Ações principais

• Eficiência energética – economia paulatina de energia até alcançar 106 TWh, em 2030, com a implementação de uma Política Nacional de Eficiência Energética, que representa a não emissão de cerca de 30 milhões de toneladas de CO_2.

• Carvão vegetal – aumento do consumo de carvão vegetal sustentável em substituição ao carvão mineral, preferencialmente por meio de incentivo ao plantio de florestas em áreas degradadas, via estímulo à Siderurgia Mais Limpa.

• Geladeiras – troca de 1 milhão de geladeiras antigas por ano, em dez anos, resultando em coleta de gases que agridem a camada de ozônio: 3 milhões de t de CO_2eq/ano de CFCs.

• Solar térmica – estímulo à utilização de sistemas de aquecimento solar de água, reduzindo o consumo de energia em 2.200 GWh/ano no ano de 2015.

• Substituição de gases refrigerantes – estimam-se emissões evitadas de 1.078 bilhões de t de CO_2eq de HCFCs, no período 2008-2040. Parte desse ganho será abatida pela emissão dos gases substitutos.

• Resíduos sólidos urbanos – aumento da reciclagem em 20% até 2015.

• Cana-de-açúcar – eliminação gradual do emprego do fogo, como método despalhador e facilitador do corte de cana-de-açúcar em áreas passíveis de mecanização da colheita, não podendo essa mecanização ser inferior a 25% de cada unidade agroindustrial, a cada período de cinco anos. Revisão deste percentual, determinado pelo Decreto nº 2.661/98. Estabelecimento de acordos com o setor produtivo, articulação com os Estados da Federação em que essa prática ainda ocorre e implantação de sistema de monitoramento das áreas sujeitas à queima.

• Sistemas agropecuários – incentivos a práticas sustentáveis destinados a: recuperação de grande parte dos atuais 100 milhões de hectares de pastos degradados; sequestro de carbono via integração lavoura-pecuária, sistemas agroflorestais ou agrossilvopastoris; adoção do plantio direto e redução do uso de fertilizantes nitrogenados; e enriquecimento orgânico das pastagens para reduzir emissões de metano pelo gado.

2. Buscar manter elevada a participação de energia renovável na matriz elétrica, preservando a posição de destaque que o Brasil sempre ocupou no cenário internacional.

O setor energético brasileiro, relativamente aos demais países, é extremamente limpo e um de seus maiores desafios é sustentar essa condição, considerando a crescente demanda de energia elétrica. Atualmente a matriz energética conta com uma participação de 45,8% de renováveis, enquanto a média mundial é de 12,9 %.

3. Fomentar o aumento sustentável da participação de biocombustíveis na matriz nacional de transportes e, ainda, atuar com vistas à estruturação de um mercado internacional de biocombustíveis sustentáveis.

Ações principais

• Etanol – fomento à indústria para alcançar aumento médio anual de consumo de 11% nos próximos dez anos. Produzido a partir de uma lavoura estabelecida em áreas definidas pelo Programa de Zoneamento da Cana-de-açúcar, em fase de implantação, deverá evitar a emissão de 508 milhões de t de CO_2 no período.

• Biodiesel – estudos, em curso, para antecipar de 2013 para 2010 a obrigatoriedade de adição de 5% ao dísel.

• Agroenergia – implementação do Plano Nacional de Agroenergia, em fase de concepção, com o objetivo de realizar pesquisa, desenvolvimento, inovação e transferência de tecnologia para garantir sustentabilidade e competitividade às cadeias de agroenergia.

• Estímulo à formação de um mercado internacional de etanol – cooperação técnica com outros países de alto potencial de plantio de cana-de-açúcar para desconcentrar a oferta de etanol, tornando-a mais estável e equilibrada.

4. Buscar a redução sustentada das taxas de desmatamento, em sua média quadrienal, em todos os biomas brasileiros, até que se atinja o desmatamento ilegal zero.

Especificação do objetivo

Redução do desmatamento em 40% no período 2006-2009 em relação à média dos dez anos do período de referência do Fundo Amazônia (1996-2005) e de 30% a mais em cada um dos dois quadriênios seguintes em relação aos quadriênios anteriores.

No caso do bioma Amazônia, o alcance desse objetivo específico poderá evitar emissão de aproximadamente 4,8 bilhões de t de CO_2, no período de 2006 a 2017, considerando a ordem de grandeza de 100 t de C/ha. Esse valor será reavaliado após a conclusão do inventário de estoques de carbono no âmbito do inventário florestal.

5. Eliminar a perda líquida da área de cobertura florestal no Brasil, até 2015.

Especificação do objetivo

Além de conservar a floresta nos níveis estabelecidos no objetivo anterior, dobrar a área de florestas plantadas de 5,5 milhões de hectares para 11 milhões de hectares em 2020, sendo 2 milhões de hectares com espécies nativas.

6. Fortalecer ações intersetoriais voltadas para redução das vulnerabilidades das populações.

Ressalta-se que, quanto menor a vulnerabilidade de um sistema e maior sua capacidade de auto-organização, melhores serão as condições de adaptação desse sistema aos efeitos da mudança do clima.

Ações principais

• Incentivo aos estudos, pesquisas e capacitação para aprofundar o nível de conhecimento sobre os impactos da mudança do clima sobre a saúde humana.

• Fortalecimento das medidas de saneamento ambiental.

• Fortalecimento das ações de comunicação e educação ambientais.

• Identificação de ameaças, vulnerabilidades e recursos (financeiros, logísticos, materiais, humanos etc.) para elaboração de planos de prevenção, preparação e respostas a emergências de saúde pública.

• Estímulo e ampliação da capacidade técnica dos profissionais do Sistema Único de Saúde (SUS) em saúde e mudança do clima.

• Estabelecimento de sistemas de alerta precoce de agravos relacionados a eventos climáticos.

• Criação de um painel de informações e indicadores para monitoramento de eventos climáticos e seus impactos na saúde.

• Implementação de programas de espaços educadores sustentáveis com readequação de prédios (escolares e universitários) e da gestão, além da formação de professores e da inserção da temática mudança do clima nos currículos e materiais didáticos.

7. Procurar identificar os impactos ambientais decorrentes da mudança do clima e fomentar o desenvolvimento de pesquisas científicas para que se possa traçar uma estratégia que minimize os custos socioeconômicos de adaptação do país.

Ações principais

• Fortalecimento da Rede Clima (que congrega inúmeros centros de pesquisa no país) para realização de estudos sobre impactos das mudanças climáticas, com ênfase nas vulnerabilidades do país e nas alternativas de adaptação dos sistemas sociais, econômicos e naturais; e contribuição para a formulação e acompanhamento de políticas públicas sobre mudanças climáticas globais no território brasileiro (além de ações voltadas à mitigação).

• Ampliação da capacidade de desenvolvimento e análise de cenários regionais de mudança do clima em escalas temporais longas, usando os supercomputadores do

Instituto Nacional de Pesquisas Espaciais (Inpe), que servirão de subsídios para desenvolver estudos de vulnerabilidade e adaptação para a América do Sul.

• Estabelecimento de parceria entre o Ministério do Meio Ambiente e o Inpe para implementação de Sistema de Alerta Precoce de Secas e Desertificação.

• Desenvolvimento de modelos hidroclimáticos para grandes bacias; fortalecimento da Sala de Situação para Monitoramento de Eventos Críticos da Agência Nacional de Águas (ANA), incentivo a práticas de conservação e otimização do uso da água; e reforço ao Sistema Nacional de Gerenciamento dos Recursos Hídricos visando o uso eficiente da água.

Anexo III – Manifesto por uma posição consistente do governo brasileiro frente à mudança do clima (Observatório do Clima)

As entidades signatárias do presente documento vêm a público reiterar a necessidade de políticas públicas mais consistentes para lidar com as mudanças climáticas no Brasil.

A magnitude das alterações futuras do clima global já pode ser avaliada pelos recentes eventos extremos que atingiram o Brasil, como a seca em 2005 e a enchente em 2008 na Amazônia, o furacão Catarina e as enchentes no Norte e Nordeste, que indicam a urgência para a busca de soluções de redução das emissões de gases do efeito estufa e adaptação ao problema.

Pedimos, portanto, que o governo adote ações imediatas para que o país possa enfrentar tais alterações climáticas e seus impactos nas áreas econômica, social e ambiental. Entre as ações consideradas emergenciais, destacamos:

- Apoio à aprovação da lei que cria a Política Nacional de Mudanças Climáticas, em trâmite no Congresso Nacional. É fundamental que se estabeleça acordo entre as lideranças do Congresso em torno de um texto único que defina um marco regulatório detalhado para orientar a sociedade e a economia no rumo do desenvolvimento de baixo carbono, que estabeleça metas obrigatórias de redução de emissões de gases do efeito estufa para diferentes setores e atividades econômicas no país, orientando as estratégias e ações nacionais de mitigação e adaptação à mudança do clima. A definição de metas proporciona oportunidade de soluções tecnológicas inovadoras, garantindo a médio e longo prazo a competitividade da economia brasileira.
- Adoção de medidas concretas no âmbito do Plano Nacional de Mudanças Climáticas (PNMC), incluindo destinação de recursos financeiros, definição de responsabilidades e pra-

zos para cumprimento das metas estabelecidas. Destacamos nesse contexto a necessidade urgente de cumprimento de metas de combate ao desmatamento na Amazônia e o acréscimo de metas de redução específicas de desmatamento no Cerrado, na Caatinga, na Mata Atlântica, no Pantanal e no Pampa. É fundamental que o governo destine recursos financeiros suficientes para que o Plano possa sair do papel e gerar resultados. Apesar de o documento aprovado pelo governo ser um primeiro passo para uma estratégia nacional de combate às mudanças climáticas, ainda está longe de constituir um esforço de Estado que coloque o Brasil nos trilhos de um desenvolvimento de baixo carbono. Consideramos ainda de extrema importância a manutenção do Código Florestal e a busca de mecanismos de incentivo à sua implementação, como a regulamentação das cotas florestais e o Pagamento por Serviços Ambientais. São medidas importantes também a maior coordenação com iniciativas estaduais e a adoção de planos estaduais de redução de emissões, o estímulo à restauração da Mata Atlântica e a divulgação de relatórios de progresso das ações governamentais.

- Reversão da estratégia de carbonização da matriz energética brasileira, que caminha no sentido oposto ao esforço adotado por outras nações. A tendência explícita de carbonização da matriz energética brasileira e de investimentos em tecnologias insustentáveis se revela na crescente instalação de termelétricas a gás, óleo, carvão mineral e nuclear previstas nos planos para o setor. É fundamental que o governo inverta esse processo e estimule maciçamente a eficiência energética, a otimização do uso de energia gerada e a adoção em larga escala de fontes sustentáveis de energia renovável e de baixa emissão em que o país apresenta enorme potencial produtivo, como a eólica, a solar térmica e a biomassa. É fundamental que qualquer possibilidade de expansão da hidroeletricidade seja amparada num planejamento adequado, cujas premissas devem ser a sustentabilidade dos ecossistemas, a minimização dos impactos socioambientais e a eficiência do modelo de demanda a fim de orientar a expansão sustentável da oferta de energia. Os planejadores não podem ver a Amazônia apenas como mais uma fronteira. Não se pode continuar e perpetuar o modelo exploratório dos recursos renováveis aplicado há séculos onde os impactos sociais e ambientais são apenas uma externalidade dos empreendimentos.

- Posição firme dos representantes brasileiros nas negociações internacionais para que sejam estabelecidas metas ambiciosas e rígidas de redução de emissões de gases do efeito estufa pelos países desenvolvidos nas conclusões sobre o novo regime de clima, em Copenhague. Esperamos que os negociadores liderem os esforços para estabelecer: 1) um novo marco internacional que garanta que o aquecimento global ficará bem abaixo dos 2°C em relação à média pré-industrial; e 2) que antes do final da próxima década se inicie a trajetória descendente das emissões globais. É necessário que o regime climático internacional garanta redução de pelo menos 40% das emissões no grupo de países desenvolvidos até 2020 em relação aos níveis de 1990, além de prever uma redução substancial na curva de crescimento de emissões dos países em desenvolvimento, como indica o Painel

Intergovernamental de Mudanças Climáticas (IPCC). Da mesma forma, esperamos forte engajamento dos negociadores brasileiros para estabelecer legalmente os mecanismos financeiros para viabilizar a redução de emissões e programas da adaptação nos países em desenvolvimento, mais vulneráveis às mudanças climáticas.

• Apoio e empenho do Brasil na criação de um mecanismo de REDD (Redução das Emissões do Desmatamento e Degradação Florestal) no âmbito da Convenção-Quadro da ONU sobre Mudança do Clima e de seu acordo pós-2012, capaz de estimular e recompensar os países tropicais pela redução do desmatamento e emissões associadas e pela conservação florestal em seus territórios.

• Apoio e criação de incentivos para a restauração florestal como uma estratégia para a mitigação dos efeitos das mudanças climáticas pelo sequestro de carbono, em particular nas Áreas de Preservação Permanente e Reservas Legais em biomas com alto índice de desmatamento como a Mata Atlântica, o Cerrado e a Caatinga.

Acreditamos que o Brasil somente poderá se firmar na posição de uma liderança política e econômica no contexto global se adotar medidas consistentes para conciliar o país com a nova realidade econômica e socioambiental que as mudanças climáticas provocam.

Assinam esse manifesto:
Amigos da Terra – Amazônia Brasileira
Apremavi – Associação de Preservação do Meio Ambiente do Alto Vale do Itajaí
Conservação Internacional do Brasil
Ecoar – Instituto Ecoar para a Cidadania
FBDS – Fundação Brasileira para o Desenvolvimento Sustentável
Fundação O Boticário de Proteção à Natureza
Fundação SOS Mata Atlântica
Greenpeace Brasil
IBio – Instituto BioAtlântica
IEB – Instituto Internacional de Educação do Brasil
Imazon – Instituto do Homem e Meio Ambiente da Amazônia
Ipam – Instituto de Pesquisas da Amazônia
IPE – Instituto de Pesquisas Ecológicas
ISA – Instituto Socioambiental
Mater Natura – Instituto de Estudos Ambientais
SPVS – Sociedade de Pesquisa em Vida Selvagem e Educação Ambiental
TNC – The Nature Conservancy
WWF Brasil

FONTE: WWW.OC.ORG.BR.

Anexo IV – Água Virtual

Tabela 1. Quantidade de água virtual de alguns produtos de uso mais comum

Produto	Unidade de medida	Volume específico (litros de água/ unidade de medida do produto)
Arroz	kg	2.500
Aves	Kg	3.650
Banana	Kg	500
Beterraba	Kg	193
Batata	Kg	132
Café xícara	Méd	140
Carne de boi	Kg	17.100
Carne de porco	Kg	5.250
Laranja	Kg	380
Legumes	Kg	1.000
Leite	Litro	800
Manteiga	Kg	18.000
Milho	Kg	1.025
Óleo de soja	Kg	5.405
Ovos	Kg	3.700
Pão	Kg	150
Queijo	Kg	5.280
Raízes e tubérculos	Kg	1.000
Soja	Kg	2.525
Tomate	Kg	105
Trigo	Kg	1.575

FONTE: HTTP://WWW.FOLHADOMEIO.COM.BR/PUBLIX/FMA/FOLHA/2006/06/GARRIDO169.HTML.

Tabela 2. Dez maiores países importadores líquidos de água virtual

País	Água virtual importada (m^3/seg)
Japão	2.390,36
Holanda	1.187,15
Coreia	905,03
China	819,02
Espanha	663,09
Egito	644,61
Alemanha	545,75

Fonte: http://www.folhadomeio.com.br/publix/fma/folha/2006/06/garrido169.html.

Tabela 3. Dez maiores países exportadores líquidos de água virtual

País	Água virtual exportada (m^3/seg)
Estados Unidos	6.094,87
Canadá	2.190,23
Argentina	1.818,89
Índia	1.294,85
Austrália	1.170,27
Vietnã	724,98
França	710,52
Guatemala	576,29

Fonte: http://www.folhadomeio.com.br/publix/fma/folha/2006/06/garrido169.html.

Bibliografia

AO ENCONTRO da natureza. Lisboa: Reader's Digest, 1978. 350 p.

BAYERISCHE STAATSFORSTVERWALTUNG. *Forstliche Bildungsarbeit – Waldpädagogischer Leitfaden*. 4. ed. München: Bayerisches Staatsministerium für Ernährung, Landwirtschaft und Forsten, 1998. 584 p.

CARMO, Roberto Luiz et al. Água virtual: o Brasil como grande exportador de recursos hídricos. *Ambiente & Sociedade*, v. 10, n. 2, p. 83-96, 2007. ISSN 1414-753X.

DALAI LAMA. *Uma ética para o novo milênio*. 2. ed. Rio de Janeiro: Sextante, 2000. 256 p.

GAARDER, Jostein. *O dia do curinga*. São Paulo: Companhia das Letras, 2003. 378 p.

HOEKSTRA, Arjen Y. Water footprints: the water needs of people in relation to their consumption pattern. Trimble, Stanley W.; Stewart, B. A.; Howell Terry A. (Eds.). *Encyclopedia of water science*. London: Taylor & Francis, 2006. p. 1-5. DOI 10.1081/E-EWS=120042191.

IBAMA; PARQUE NACIONAL DE BRASÍLIA. *Relatórios Anuais do Núcleo de Educação Ambiental do Parque Nacional de Brasília, 2004 a 2006*. Brasília: [s.n.], [s.d.].

LOPES, I. V. (Coord.). *O mecanismo de desenvolvimento limpo:* guia de orientação. Rio de Janeiro: Fundação Getúlio Vargas, 2002. 90 p.

MACY, Joanna; BROWN, Molly Young. *Nossa vida como Gaia*. São Paulo: Gaia, 2004. 254p.

MINISTÉRIO DA CIÊNCIA E TECNOLOGIA; CETESB; EMBRAPA. *Emissões de metano no tratamento e na disposição de resíduos. Emissão de metano do cultivo de arroz. Primeiro inventário brasileiro de emissões antrópicas de gases de efeito estufa. Relatório de Referência, 2006*. [s.l.]: [s.n.], [s.d.].

MINISTÉRIO DE MEDIO AMBIENTE. *Huellas en el paisaje – guía del profesor nivel 2.* San Ildefonso-Espanha: Centro Nacional de Educación Ambiental (CENEAM), 2006/2007. 42 p. p.10-11.

______. *Mejoramos nuestro entorno – nivel 4. Programa CENEAM con la Escuela. Curso 2006/2007.* Segovia-Espanha, 2007. 45 p.

PIMENTEL, David et al. Water resources: Agricultural and Environmental Issues. *Bioscience*, v. 54, n. 10, p. 909-918, oct. 2004.

PROGRAMA INTERNACIONAL DE AVALIAÇÃO DE ALUNOS (PISA). ORGANIZAÇÃO PARA A COOPERAÇÃO E DESENVOLVIMENTO ECONÔMICO (OCDE). *Exame internacional, 2006.* Disponível em: <www.oecd.org>.

GRÁFICA PAYM
Tel. (011) 4392-3344
paym@terra.com.br